시시콜콜 건축의 역사

시시콜콜 건축의 역사

초판 1쇄 | 2024년 1월 25일

지은이 | 김결
편 집 | 박일구
디자인 | 김남영
펴낸곳 | 써네스트
펴낸이 | 강완구
출판등록 | 2005년 7월 13일 제 2017-000293호
주 소 | 서울시 마포구 망원로 94, 2층 203호
전 화 | 02-332-9384   팩 스 | 0303-0006-9384
홈페이지 | www.sunest.co.kr
ISBN | 979-11-90631-81-5(43900)   값15,000원

제 **1** 장

원시 시대 ~ 구석기 시대 ~ 신석기 시대의 건축

: 700만 년 전 ~ 기원전 3000년 전

제 **2** 장

청동기 시대 ~ 철기 시대의 건축

: 기원전 3,000년 ~기원전 500년

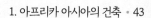

제 **3** 장

중세 건축

: 450년 ~ 1450년

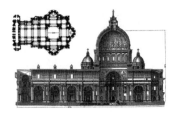

제 **6** 장

근대와 현대
: 19세기 ~ 현재

- 책을 읽기전에 -

건축은 다른 예술의 장르와 어떻게 다를까?

건축은 종합적이다. 건축은 음악, 그림, 조각, 문학처럼 순수하게 독립된 한 분야가 아니다. 건축에는 기계, 공학, 회화, 조각, 패션, 수학, 돈, 노동력 등 수많은 요소가 어우러져 있다. 이렇듯 건축은 종합적이면서 동시에 건축이라는 독립적인 장르이다. 영화가 문학(시나리오), 음악(주제음악), 미술(촬영), 배우(연기) 등이 합쳐진 종합예술인 것과 마찬가지다.

무엇이 좋은 건축일까?

모양은 화려한데 살기 불편하면 좋은 건축이 아니고, 반대로 살기는 편한데 성냥갑처럼 획일적인 아파트도 좋은 건축은 아니다. 언제나 삶의 실용성과 시각적 아름다움이 조화를 이루어야 한다. 인류는 이 두 가지를 조화시키기 위해 노력해왔다. 그것이 건축의 역사이다. '실용성과 아름다움의 조화.'

건축은 공학일까, 예술일까?

건축은 공학일까, 예술일까? 그 어느 것에도 명확히 속하지 않는다. 건축은 공학이면서 동시에 예술이다. 건축의 기원이 건물을 아름답게 보이려는 인간의 욕심에서 시작되었기 때문이다. 영화가 산업이면서 동시에 예술인 것과 마찬가지다. 돈을 벌기 위해 천만 관객이 드는 것을 목표로 하지만, 작품성이 없으면 관객은 그 영화를 외면한다.

건축의 역사는 정확히 구분할 수 있을까.

건축의 역사는 일목요연하게 나눌 수 없다. 불교건축양식이 인도, 동남아에서 유행할 때 한반도에는 아직 불교가 들어오지 않았다. 시간의 차이가 천 년이나 된다. 같은 시간 속에 불교건축 양식을 넣을 수 없다. 한국에서 불교건축 양식이 유행할 때, 인도와 동남아에서는 힌두교 풍이 유행했다. 베르사유 궁전이 프랑스에 지어진 시기는 1624년이지만 또 하나의 비슷한 양식의 걸작인 러시아 상트페테르부르크의 겨울궁전은 1762년에야 건축되었다. 같은 유럽이지만 150여 년의 시차가 있다. 1762년이면 프랑스에서는 이미 다른 건축양식이 유행하였다. 그러므로 시대에 명확히 금을 그을 수 없다. 유럽인들의 침략으로 파괴되거나 나중에 밀림에서 발견된 아메리카의 마야, 아즈텍, 잉카 문명의 건축물들은 정확히 언제 건설된 것인지 밝혀지지 않았다. 기록이 사라졌기 때문이다. 이처럼 건축의 역사는 정확한 연도로 나눌 수 없으며, 연도에 집착하면 혼란스럽기만 하다. 이 책에서 나누는 시대는 이해를 위한 편의적인 구분이다. 그러므로 시대를 암기하는 것 보다는 건축양식의 특징에 관심을 기울이면 재미있는 독서가 될 것이다.

그럼 도대체 건축양식은 뭘까?

'건축양식'이라는 말만 이해하면 건축의 역사를 90% 알 수 있다. 여행을 하면서 안내문을 읽을 때 건축양식이라는 말을 많이 본다. 신라 양식, 백제 양식, 고려 양식, 그리스 양식, 르네상스 양식, 고딕양식, 바로크양식,

일본의 사무라이시대 양식, 중국 당나라 양식 등등. 쉽게 말하여 양식style은 어느 시기, 어느 지역에서 공통적으로 나타나는 특징이다. 친구를 보고 '스타일 죽이는데! BTS풍으로 입었는데.' 칭찬하는 것과 같다. 또는 수백만 원짜리 옷을 일부러 '거지룩'으로 입어 고급패션을 테러하는 호날두도 그만의 양식style을 고집한다고 볼 수 있다. 한국의 집에는 공통적으로 곡선의 처마와 온돌로 이루어진 고유한 특징이 있고, 일본의 집은 직선의 처마와 다다미로 이루어진 그들만의 특징이 있다.

건축에 관한 근거 없는 이야기 7가지

1.건축의 역사는 유럽과 미국이 대표한다? no! 정확히 반만 맞는 말이다. 나머지 반, 아시아, 아프리카, 아메리카의 건축은 유럽의 제국주의 침략 이후로 파괴되거나 중단되었고, 식민지에 유럽의 건축양식이 이식되었다. 또한 건축은 돈이 있어야 가능한 것이기 때문에 수탈당하는 식민지의 건축은 더 이상 발전할 수 없었다. 그래서 건축의 역사는 마치 서양 건축의 역사처럼 생각되고 우리가 배우는 건축의 역사는 서양건축의 역사가 되었다. 이 책에서는 침략 이전 1500년대까지의 아시아, 아프리카, 아메리카의 건축을 동등하게 다룬다.

1.아파트는 건축 양식style인가? no! 아파트는 좁은 땅에 여러 가구를 살게 할 목적으로 만든 실용적인 구조물이다. 말했듯이 양식style이란 실용

성과 내부, 외부의 아름다움이 조화를 이루어야 한다. 아파트는 그냥 건물이라고 말할 수 있다.

1.현대의 고층빌딩은 여전히 서양건축 양식인가? no! 현대의 건축물은 전 지구적인 것이다. 경제가 발전한 나라는 동서양을 막론하고 자금력을 바탕으로 최고의 건물을 지을 수 있다. 이제 건축의 역사는 딱히 서양 건축의 역사라고 말할 수 없다. 그 지배는 1950년대 이후 식민지의 해방과 더불어 끝났다고 봐야 한다.

1.아시아, 아프리카, 아메리카의 위대한 건축은 전혀 남아있지 않을까? no! 인류를 경탄하게 만드는 건축의 대부분은 아시아, 아프리카, 아메리카에 있다. 서양인들이 보기에 불가사의한 것들이다. 이집트의 피라미드, 인도의 타지마할, 캄보디아의 앙코르와트, 페루의 마추픽추 등 이루 셀 수 없는 건축물들이 있다. 어느 순간에 발전이 끊겨버리고, 간신히 보존되어 남아있거나, 밀림이나 험준한 산 속에 숨겨져 있다 발견된 것들이다. 이것들은 서양 건축의 역사에서는 이방인의 건축으로 다루어진다.

1.그럼 건축은 규모가 크고 화려한 왕의 무덤, 성, 절, 성당, 궁전만을 지칭하는 것일까? no! 건축은 원형은 주택이다. 인간은 자연으로부터 자신을 보호하기 위하여 풀, 나무, 돌 등을 사용하여 공간을 만들기 시작했고, 점차로 크고 아름답게 보이려고 외관을 꾸미기 시작했다. 반대로 건축의 양식

은 평범한 주택에서 더 두드러지게 나타난다. 외국여행을 할 때 그 나라의 집을 보면 민족을 알 수 있다. 집은 그 나라 사람들만의 독특한 아름다움의 기준을 표현하며, 기후, 생활 습관, 자연재해, 많이 나는 건축 재료, 경제력을 종합적으로 보여준다. 예를 들면 일본의 집이 나무로 되어 있는 것은 지진과 더운 기후에 적응하기 위한 것이지, 돌로 집을 짓는 방법을 몰라서가 아니다. 경사가 심하고 직선으로 된 지붕은 빗물을 빨리 흘려보내기 위한 것이며, 정원이 앞이 아니라 뒤에 있는 것은 일본 사람들의 독특한 성격을 나타낸다. 반대로 한국의 정원은 앞에 있다. 어느 것이 더 좋은 것은 아니다. 그 나라의 독특한 문화다.

1.한옥의 실용성과 아름다움을 예찬하는 것은 '국뽕'인가? no! 한옥은 정말로 아름답고 과학적이다. 우리가 아파트에 길들여진 나머지, '에이, 살기 불편해.' 이렇게 얕잡아 보게 된 것 뿐이다. 앞에서 말했듯이 한옥은 서양 건축 양식의 유입으로 변화, 진화의 기회를 잃었다. 만약 한옥의 장점을 살리면서 현대의 생활에 맞게 의자에 앉아 밥을 먹고, 침대에서 자는 식으로 진화했다면 한옥은 우리에게 친근한 집이 되었을 것이다. 안타깝게도 한옥은 경복궁이나 전주 한옥마을에나 가야 볼 수 있는 유물이 되어버렸다.

1.건축을 공부하려면 공과대학에 가야 할까? 예술대학에 가야 할까? 어느 나라는 건축을 공대에서 배우지만 어느 나라는 예술대학에서 배우기도 한다. 건축은 사람이 살기 편하고 부를 과시하기 위한 것이지만, 옷이나 얼

굴처럼 아름다움도 추구한다. 나아가 내면의 아름다움도 은은히 배어있어야 한다. 이렇게 건축은 공학이기도 하고 예술이기도 하다. 바로 이 점이 건축의 매력이기도 하고, 어려운 분야이기도 하다. 아름다움만 추구하면 살기 불편하거나 무너지고, 튼튼하고 실용적인 것만을 생각하면 볼썽사나운 시멘트덩어리가 되고 만다.

인간은 왜 집을 지을까?

나아가 집이 있는데도 왜 더 화려한 집을 지으려고 할까? 참 바보 같은 질문이다. 집은 당연히 있어야 하는 것이 아닌가. 그러나 집을 지을 필요가 없으면 더 편한 것이 아닌가. 만약 우리가 원시시대에 살고 있다고 가정해 보자. 한반도에 고작 만 명의 인간만이 살고 있었다. 평생 다른 인간의 무리를 만날 확률이 아주 희박했다. 먹을 것을 얻기 위해 과일을 따거나, 짐승을 사냥했다. 대궐 같은 집을 지어봤자 자랑할 사람도 없었다. 누가 부러워하는 것도 아니었다. 집을 지을 도구가 없기도 하지만, 그보다는 집을 지을 필요를 느끼지 못했다. 자연의 동굴이 있지 않은가. 불편할 것 같지만 그 당시의 인류에게는 더없이 편한 곳이었다.

혁명적인 변화는 인류가 농사를 짓기 시작하면서 나타났다. 식량이 풍부해지면서 인구가 폭발적으로 늘어났다. 식량을 저장하고 가축을 기르면서 재산이 생겼다. 많이 가진 자와 적게 가진 자가 나뉘어졌다. 부족의 우두머리가 생기고 다른 부족과 전쟁을 해서 노예를 잡아왔다. 농사지을 사람은 더 많아지고 수확량은 더 늘어났다. 이제 움막이 아닌 근사한 집이 필요했다. 식량을 저장하고, 가축을 가두고, 자기의 부와 권력을 남에게 과시해야 생존할 수 있었다. 자연스럽게 도구가 발명되고, 더 크게 더 화려하게 짓기 위하여 머리를 쓰기 시작했다.

이처럼 건축은 농사의 시작과 함께 필요성이 나타났다. 처음에는 농사를 짓기 위해 평야에 움막을 만들었고, 여분의 식량을 저장하기 위한 용기와 창고를 만들었으며, 계급이 분화하면서 지배층을 위한 더 크고 화려한 집을 짓게 되었다. 부족장은 왕이 되고, 왕이 되면 궁궐을 지었으며, 왕이 죽으면 무덤이라는 화려한 건축물을 만들게 되었다.

초기의 건축은 아주 소박하게 인류의 생존의 필요성에서 생긴 것이었다. 건축이 부의 과시가 되면서 규모가 커지고 화려한 장식을 하게 되었다. 나아가 자신만의 멋과 권위를 강조하기 위해 특이하고 예술적인 장식이 생겨나면, 다른 사람들은 그것을 모방하게 되었다. 그래서 한 도시 한 시대가 하나의 양식style으로 자리매김하게 되었다.

제1장
원시 시대~구석기 시대 ~신석기 시대의 건축

700만 년 전-기원전 3,000년 전
-집을 짓는데 수백만 년이 걸리다-

: 개요

최초의 인류는 자연 속에서 살았다. 집을 짓는 방법도 몰랐지만 집이란 것이 필요하지도 않았다. 먹이를 찾아 정처 없이 돌아다녀야 했다. 그들에게 필요한 것은 비바람을 피하고 맹수로부터 몸을 보호하는 안전한 곳이었다. 절벽에 뚫린 동굴이 집의 역할을 대신해 주었다. 농사를 짓기 시작하면서부터 큰 변화가 생겼다. 새로 정착한 평야 지대에는 동굴이 없었다. 잠을 자고 수확한 식량을 저장하려면 집이 필요했다. 그들은 나뭇가지와 풀잎을 사용하여 평지에 움막을 짓기 시작했다. 건축의 역사는 바로 이렇게 시작하여 초고층의 빌딩을 건설하기에 이르렀다. 1층 건물에서 100층 건물이 되기까지는 채 1만 년이 걸리지 않았다. 지금의 인류는 한 달에 한 채의 근사한 집을 지을 수 있지만, 움막의 형태를 띠는 집이 생기는 데는 장장 700만 년의 시간이 필요했던 것이다. 그 느릿느릿한 시간의 흐름을 살펴보자.

1. 원시 시대

***

700만 년 전 ~ 수만 년 전
– 자연의 동굴이 최고의 집이다 –

　약 700만 년 전 최초의 인류가 나타났다고 한다. 그의 이름은 루시(lucy)이다. 그러나 최초의 인류가 누구인지는 아무도 모른다. 아마 영원히 모를 것이다. 불과 얼마 전까지만 해도 최초의 인류는 호모 사피엔스라고 알려졌지만, 그 이전의 인류의 뼈가 발견되어 호모 에렉투스가 되었고, 그 이전의 인류는 오스트랄로피테쿠스였다. 지금도 인류의 기원에 대한 연구가 계속 진행되고 있기 때문에 어쩌면 루시가 최초의 인류가 아닐 날도 멀지 않다. 인류의 시작은 700만 년 전이 아니라 그 이전일 것이다.

　아무튼 700만 년 전으로부터 시간은 느릿느릿 흘러서 인류는 삶과 죽음을 반복했다. 그러는 사이 인류는 점점 진화했다. '어떻게 하면 짐승을 잘 사냥할 수 있을까?' '어떻게 하면 높은 곳에 있는 과일을 딸 수 있을까?' '어떻게 하면 비바람과 추위로부터 몸을 보호할 수 있을까?' 사고 속에서 뇌가 커졌으며, 자연과의 싸움 속에서 신체도 성장했다. 아울러 환경에 적응하는 능력이 하루가 다르게 향상되었다. 200만 년 전, 우리의 조상인 호모 에렉투스는 고기를 날 것으로 먹는 것보다는 구워 먹는 것이 더 맛있다는 사실을 발견했다. 산불이 난 후에 불에 탄 짐승을 먹으니 더 고소했다. 그들은 불을 만드는 방법을 고안했다. 마른 나무에 단단한 돌로 마찰을 가하면 열이 발생한다는 사실을 깨달았다. 이제 그들은 짐승을 굽기 위해 불을 사용하고, 지혜로운 방법으로 사냥을 하며, 짐승을 분해하기 위하여 날카로운 돌을 사용했다. 그러나 직접 깨거나 갈아 만든 인공적인 도구는 아니었다. 그리고 더 혁명적으로는, 아주 단순한 몇 개의 언어를 통하여 집단생활을 용이하게 했던 것으로 추측된다.

• 그들은 어디에서 살았을까?

집이 없었을까? NO! 있었다. 그것은 '자연의 건축물'이었다. 원시인류는 자연의 건축물에서 살았다. 자연의 건축물이란 동굴, 바위 밑, 큰 나무 아래 등이었다. 그들은 그 자리를 다듬거나 개조하지 않았다. 생긴 그대로의 동굴, 생긴 그대로의 나무 아래에서 살았다. 아주 단순하게, 동굴 입구를 바위로 막아 바람을 피하는 방법을 몰랐고, 벽에 그림 같은 치장을 할 생각은 아예 하지도 않았으며, 나무 아래에 부드러운 풀을 깔아 푹신한 잠자리를 만드는 단순한 발견을 하지 못했다. 그러나 현대인의 관점에서 그들이 무식하다고 비웃을 수는 없다. 그들은 그럴 필요를 느끼지 못했다. 벽에 그림을 그리면 누가 볼까? 손

도처에 널린 원시 인류의 속편한 자연의 집!

해안 동굴과 바위, 아늑한 웅덩이 등은 자연 그대로의 주거 공간이 되었다.

님이라도 와야 그 그림을 자랑할 것이 아닌가. 또한 사방에 널린 것이 동굴이었고, 동굴의 수에 비해 인구는 대단히 적었다. 동굴을 개조하거나 치장할 필요 없이, 안전한 동굴을 찾으면 되었다. 하지만 불행하게도 그곳에는 그들이 살았던 흔적이 쉽게 발견되지 않는다. 동굴을 개조할 필요도 능력도 없었기 때문이다. 우리가 산이나 들에서 발견하는 평범한 동굴에는 그 옛날 인류가 살았을 가능성이 높다.

2. 구석기 시대

✵

수만 년 전 ~ 8,000년 전
- 동굴을 좀 더 아름답게, 편리하게 만들 수는 없을까? -

　인류는 자연의 돌을 사용하는 것으로부터 출발하여 돌을 깨서 본격적으로 생활 도구로 사용하기 시작했다. 약 100만 년 전에 출현한 네안데르탈인이 그 주인공이었다. 그들은 뭉툭한 돌은 망치로 쓰고, 날카로운 돌은 도끼나 칼로 사용하는 지혜를 터득했다. 또한 짐승의 가죽을 벗겨 추위를 막기 위해 몸에 걸치는 방법을 알고 있었다. 그렇게 많은 시간이 흘렀다.

　이제 정말로 지혜로운 인간이 나타났다. 약 10만 년 전 아프리카 대륙에서 살았던 호모 사피엔스가 그들이었다. 호모 사피엔스는 '지혜로운 인간'이란 뜻이다. 그들은 3만 5,000년 전쯤 유럽으로, 그 다음에는 아시아와 다른 대륙으로 이동하였다. 호모 사피엔스는 도구를 사용하면서 자연스럽게 육체는 작아지고 머리가 커지기 시작했다. 이들은 네안데르탈인보다 작고 육체적으로 약하였지만 자연에 적응하는 방법을 알고 있었다. 당시의 지구는 빙하기와 따뜻한 시기가 교대로 반복되었다. 빙하기의 추위에 전멸할 수도 있었지만 특유의 지혜로 살아남을 수 있었다. 동굴에 불을 피워 공기를 데웠으며 가죽으로 만든 옷을 입고 추위를 견딜 수 있었다. 짐승의 수가 줄어들어 식량이 부족했지만, 이미 사냥 도구를 사용할 줄 알았기 때문에 식량을 구할 수 있었다. 돌로 만든 창이나 화살이 사용되었다.

• 그들은 어떤 집에서 살았을까.

원시 시대와 같이 자연의 건축물에서 살기는 했지만, 원시 시대와는 달랐다. 그들은 자연의 동굴에 치장을 하고, 자연의 재료를 채취하여 움막을 지을 줄 알았다. 현대의 시각에서 보면 별 것 아니지만 혁명적인 변화가 일어난 것이다. 그들은 먼저 동굴의 내부를 다듬었다. 바닥을 평평하게 만들어 잠을 편히 잘 수 있었고, 잠을 잘 때는 입구를 바위로 막아 맹수로부터 몸을 보호했으며, 낮에는 바위를 열어 햇빛을 안으로 받아들였다. 또한 동굴의 벽에 자연에서 채취한 원료를 이용하여 그림을 그리고 채색했다. 그림을 그린 이유는 현대처럼 방을 예쁘게 장식하기 위함은 아니었다. 동물을 사냥하는 그림을 그림으로써 사냥이 잘 되기를 기원하는 주술적인 것이었다. 그러나 이런 해석이 딱 들어맞는 것은 아니다. 고대 인류는 아름다움에 대해 몰랐다고 현대 인류의 시각으로 확신할 수 있을까? 아마도 그 그림들은 주술적임과 것과 동시에 장식적인 것이었을 수 있다. 수 만 년 전 인류의 거주지로 알려진 프랑스의 라스코와 스페인의 알타미라 동굴의

이보다 더 편하고 안전하고 아름다울 수는 없다! 구석기 시대의 거주지의 신비로움!
자연의 동굴을 약간 다듬거나, 장식을 시작하다!

산 중턱의 벼랑에 있는 단양 금굴은 우리 나라에서 가장 오래된 동굴이다. 입구 높이는 8m, 너비는 7~10m, 길이 85m에 이른다. 구석기 시대의 거주지인 동굴 유적 으로는 제천 점말동굴, 정선 매둔 동굴 등이 있다.

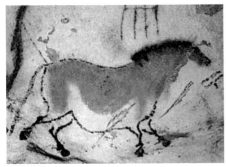

프랑스 라스코 동굴벽화(왼쪽)와 스페인의 알타미라 동굴벽화(오른쪽).

벽화에는 사냥하는 사람들과 들소나 사슴 등이 그려져 있다. 그 벽화는 입이 딱 벌어질 정도로 아름답다. 우리는 그들이 아름다움을 추구했다는 단순한 결론에 도달할 수 있다. 그것이 아름답지 않다면 그들 스스로 지워버렸을 것이다. 현대의 우리가 방에 건 그림이 맘에 들지 않다면 떼어내는 이치와 같다.

인류는 도구를 사용하면서 동굴 밖에 거주하는 것을 두려워하지 않게 되었다. 이제 사나운 맹수가 다가오면 돌로 만든 도끼로 내려치거나 동물의 뼈로 만든 뾰족한 칼로 찌를 수 있었다. 인류는 나뭇가지나 맘모스 뼈로 벽을 만들고 풀잎과 가죽으로 지붕을 씌웠다. 동굴의 어두컴컴한 환경에서 벗어났다. 뇌는 점점 더 빠르게 진화했다. 짐승의 가는 뼈를 갈아 바늘을 만들고 털을 연결하여 실을 만들었다. 환한 태양광 아래서 가죽을 연결하여 현대의 것과 유사한 옷을 만들었고, 석기는 점점 더 정교해졌다. 도끼나 칼, 창에 나무 막대를 연결하여 사용하기 편하게 만들었다. 또한 사람이 죽으면 그대로 두고 떠나는 것이 아니라 땅 속에 묻고 그 위에 큰 돌을 얹어 놓았다. 고인돌은 최초의 '무덤 건축'이 되었다. 그 후 수 만 년이 지난 후, 비로소 인류는 이집트의 피라미드와 같은 거대한 무덤을 만들 수 있었다.

달랑 돌 하나, 이것이 건축이야?

최초의 무덤 건축, 고인돌

최초의 지상 건축, 움막. (석장리 박물관)

3. 신석기 시대

※

8,000년 전 ~ 기원전 3,000년
-인류의 역사에 집(건축)이라는 개념이 최초로 생기다-

기원전 약 8,000년 무렵, 빙하가 녹기 시작하였다. 해수면의 상승으로 지중해가 생겨나 아프리카와 유럽이 나뉘어졌고, 걸어서 도달할 수 있었던 아메리카, 오세아니아는 태평양에 의해 나뉘어졌다. 기후가 따듯해지면서 추웠던 곳에도 숲과 목초지가 생겨났다. 더불어 환경 변화를 견디지 못하고 많은 동물이 멸종하였다. 온화한 아시아 지역에서는 농업이 발달하기 시작하였으나, 상대적으로 서늘한 유럽에서는 여전히 수렵과 유목 생활이 이어졌다. 인류는 농사를 지으면서 정착생활을 하게 되었다. 그에 따라 농업기술, 생활의 기술이 비약적으로 발전했다.

기원전 6,000년경에 농산물을 실어 나를 수 있는 수레를 발명했고, 수확물을 보관하는 토기가 최초로 만들어졌다. 인류는 집단으로 농사를 지으면 혼자 짓는 것보다 수확량이 늘어난다는 사실을 발견했다. 그들은 한곳에 다닥다닥 모여 살기 시작했다. 집단으로 씨를 뿌리고,

집단으로 수확하여 일한 만큼 나누어 갖게 되었으며, 여유분의 곡식은 창고에 저장하거나, 자연의 신에게 제사를 올리고 축제를 열어 나누어 먹었다. 아직까지는 지배자와 평민, 노예라는 계급이 나타나지 않았고 모두가 평등했다.

• 그들은 어떤 집을 짓고, 어떤 재료를 사용하고, 어떤 건축 도구를 사용했을까?

신석기 시대의 인류는 집을 짓는데 진흙, 짐승의 뼈, 사슴의 뿔, 가죽, 돌, 나무, 풀, 동물의 털, 물 등 자연의 재료를 사용하였다. 재료를 다듬는 도구에는 손도끼, 찍개, 끌, 돌도끼 등이 있었고, 이름을 붙일 수 없는 다양한 도구를 사용하여 재료를 긁고, 썰고, 치대고, 구멍을 뚫었으며 원시적인 운반 도구를 만들어 굴리고, 밀고, 옮겼다.

아직은 청동이나 철로 만든 도구를 사용할 줄 몰랐기 때문에 건축은 거칠고 조악했다. 그러나 현재 남아있는 가장 오래된 유럽의 신석기 마을인 스코틀랜드의 스카라 브레를 보면 놀라움을 감출 수 없다. 그들은 돌을 접착제 없이 쌓아 올려 벽체를 만드는 기술을 지니고 있었다. 또한 예리코에서 발견된 진흙 벽돌집의 벽돌은 나무틀로 만든 것이 아니라 손으로 직접 빚은 것이었다.

인류는 점점 더 진화했다. 기원전 5,000년경, 메소포타미아인과 이집트인들은 먼 강에서 물을 끌어와 농경지에 물을 대기 위해 수로를 만드는 관개 시설을 발명하였다. 이제 농사를 지을 수 있는 땅은 강가

신석기 시대의 건축 도구들은 어떻게 생겼을까?

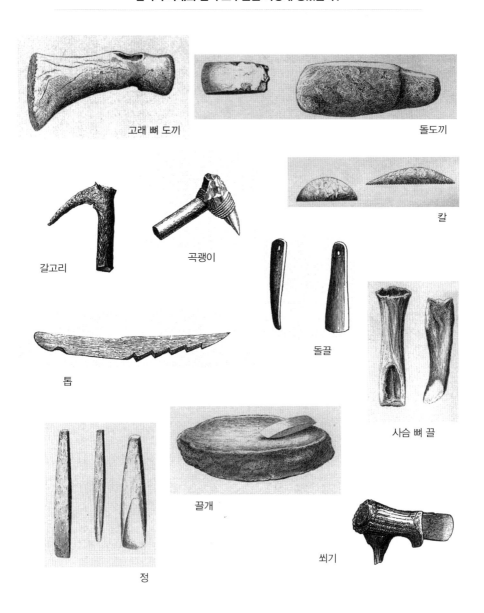

고래 뼈 도끼

돌도끼

갈고리

곡괭이

칼

톱

돌끌

사슴 뼈 끌

정

끌개

쐐기

유럽에서 가장 오랜된 신석기 유적지인 스코틀랜드의 스카라 브레

세계에서 가장 오랜된 도시로 알려진 예리코

오늘날 '최초의 고대도시'라고 알려진 터키의 차탈회위크 유적

에 한정된 것이 아니라 드넓은 평야로 확장되었다. 수확량은 먹고도 남을 정도로 늘어났다. 아직 절대 권력을 지닌 왕은 나타나지 않았다. 그들은 농사가 자연과 밀접한 관계를 맺고 있다는 것을 눈치 챘다. 비가 오지 않거나 너무 덥고 추우면 곡식이 잘 자라지 못했다. 자연을 경외하기 시작했고 인간의 소망을 담아 자연을 경외하는 건축물을 만들었다. 기원전 약 4,700년경부터 거석 구조물이 세워졌다. 그것이 신에게 기도하는 종교적인 것인지, 죽은 누군가의 삶을 기리는 것인지, 그저 아름다움을 위해 건설했는지는 분명치 않다.

평야 지대의 인구는 점점 늘어나고 촌락은 확장되었다. 먹고 남은 농산물과 가축을 교환하는 시장이 생겨났다. 사방에 흩어진 촌락은 서로 연결되었다. 인구는 수천 명, 면적은 사방 몇 킬로미터에 달했다. 생활은 단순했다. 농사를 짓고 가축을 기르고 남은 것은 서로 교환했다. 도시가 더 커지면서 인구는 수만 명으로 불어났다. 이제 도시는 복잡해지고 생산량은 더 늘어났다. 일개 부족장의 힘만으로 도시를 다스릴 수는 없었다. 아주 초기 형태의 왕이 나타났다. 왕을 중심으로 지배 계급인 귀족과 성직자가 나타났고, 귀족과 성직자 아래서 일하는 관리가 생겼으며, 도시를 지키는 군사, 왕과 귀족을 즐겁게 하는 시인과 음악가가 나타났다. 그 아래에 평범한 주민, 도구를 만드는 장인, 물건을 거래하는 상인, 평민을 즐겁게 만드는 광대, 죽도록 일만 하는 최하층인 노예가 생겨났다. 이러한 다양한 계층화는 농민 이외의 사람들을 먹여 살릴 수 있을 만큼 농업 생산량이 충분히 늘어났기 때문에 가능한 것이었다. 또한 생산물과 자원을 독점하고자 하는 소수의 탐욕으로부터 생겨난 필연적인 현상이었다. 이러한 초기 형태의 왕권은 청동기, 철기 시대에 다른 도시들을 정복함으로써 생겨난 고대 왕국의 맹아였다.

영국의 초원에 세워진 거석 구조물, 스톤헨지

이 건축물은 아직도 미스터리이다. 암석의 정확한 위치, 빈틈없는 기하학적 배열은 이들이 정교한 측량 방법을 알고 있었다는 사실을 말해준다.

신석기 시대에 수상 건축물도 있었다고?

신석기 시대에는 다양한 형식의 촌락이 건설되었다. 독일의 운터울딩엔 유적지의 흔적에서 요새화된 수상 가옥을 볼 수 있다. 수상 가옥은 말뚝울타리 안 물위에 지어져 있다. 그들은 왜 이런 건축을 했을까? 외부의 적으로부터 자신을 보호하려고 했다는 추측이 가능하다. 사진은 수상 가옥을 복원한 것이다.

신석기 시대의 건축 유적

남아시아 파키스탄의 메르가르(mehrgarth)

유럽 지중해 몰타 섬의 나즈드라(najdra) 사원

우바이드 문화를 계승한 '에리두' 유적

신전 도시 괴베클리 테페 유적

괴베클리 테페는 '최초의 도시'라고 알려져 있는 이스라엘의 예리코나 터키의 차탈회위크보다 2,000년 앞서 건설되었다.

제**2**장
청동기 시대 ~ 철기 시대의 건축

기원전 3,000년 ~ 기원전 500년
-집에 독특한 아름다움을 심자, 단순한 건축이 건축의 양식(style)이 되다-

: 개요

농사를 짓기 시작하면서 촌락에서 출발하여 작은 도시를 이루고 살았던 인류의 생활은 금속 도구를 사용하면서 비약적으로 변화, 발전하였다. 금속 도구는 농사를 수월하게 했을 뿐만 아니라 대규모의 도시 건축을 용이하게 만들었다. 신석기 시대에 나타난 계급은 더 분화되었고, 과학 기술이 발전하였으며, 광대한 지역과 인구를 통치하기 위하여 자연스럽게 절대적 권력을 지닌 왕이 등장했다. 왕은 원하는 건물을 짓기 위해 수만 명의 백성을 동원할 수 있었고, 또 왕이 죽으면 대규모의 무덤을 만들었다. 중동의 메소포타미아 문명, 북아프리카의 이집트 문명, 인도의 인더스 문명, 동아시아 중국의 황하 문명 등이 나타났고, 이란을 중심으로 한 페르시아 문명, 이슬람 문명이 뒤이어 발생했으며, 그 영향을 받아 유럽의 그리스 문명, 로마 문명 등이 뒤를 이었다. 여기서 주목해야 할 점은 그리스, 로마 문명이 아시아나 아프리카의 문명보다 훨씬 늦게 나타났다는 사실이다.

인류가 순수한 구리를 사용한 시기는 기원전 5,000년 이전이라고 알려져 있다. 하지만 순수한 구리는 돌보다 강하지 못해서 도구로 사용할 수는 없었다. 돌로 구리를 치면 구리가 부서진다. 혁명적인 변화는 구리와 주석을 섞어서 녹인 청동 도구를 만들면서 나타났다. 이를 청동기 시대라 부른다. 이제 구리는 돌보다 단단한 도구가 될 수 있었고, 제련 과정을 통해 돌을 깨는 방법보다 다양한 형태의 도구를 쉽게 만들 수 있었다. 이후 구리는 아연과 결합되면서 청동보다 더 단단한 도구가 되었다. 이를 황동, 즉 놋쇠라고 부른다. 제사에 쓰는 황금빛을 띠는 누런 놋그릇이 구리와 아연의 합금인 황동이다. 이렇듯 본격적인 청동기 시대는 기원전 3,000년부터라고 알려져 있지만 지역마다 시기가 달랐다. 아마도 새로운 청동기 유물을 발견한다면 기원전 3,000년보다 훨씬 전에 미지의 인류가 청동기를 사용했다는 식으로 인류의 역사는 정정될 것이다. 청동, 황동은 원하는 형태로 주조되었고 손상되면 다시 녹여 새로운 도구를 주조할 수 있었다. 이는 깨지면 버려야 하는 돌보다 훨씬 유용한 재료였다. 청동기 시대에 새롭게 개발된 혁명적인 건축 도구는 톱과 정이었다. 톱은 나무를 자르는데, 정은 돌을 깨거나 다듬는데 사용되었다. 또한 청동으로 만든 바퀴를 사용하는 수레가 상용화되었고, 무거운 돌을 실어 나를 수 있었다. 그 외에 도르래를 사용한 초기 형태의 기중기 등이 만들어졌다. 이렇게 하여 건축술은 비약적인 발전을 이루었다. 인간이 거주하거나 여러 명이 모여 제사를 지내기 위한 공간을 넘어, 권위를 과시하기 위해 외관 자체가 크고 화려해졌다.

건축은 철기 시대에 이르러 또 한 번의 혁명적인 변화를 겪는다. 철기 시대는 철을 도구로 사용하기 시작한 시대를 말한다. 인류는 자연의 철광석이 돌이나 구리보다 단단하다는 것은 알고 있었다. 그러나 철광석을 녹인 다음 다양한 도구를 만들 수는 없었다. 철광석은 구리보다 녹는점이 높았다. 인류는 고열의 화로를 통하여 철광석을 녹여 순수한 철을 뽑아내는 기술을 발견했다. 기원전 1,000년경부터 철제 도구와 무기는 일반화되었다. 전쟁을 통하여 영토가 확장되었고, 농업생산량도 기하급수적으로 늘어났으며, 철로 만든 도끼나 정은 청동 도구보다 대리석을 수월하게 다듬을 수 있었다. 대리석 표면에는 아름다운 부조가 새겨지기 시작했다. 대리석 덩어리를 정과 끌로 파서 조각품을 만들고 그것을 건물에 배치했다. 철로 만든 대패를 이용해 목재의 표면을 반질반질하게 다듬었고, 그 표면에 아름다운 그림을 그렸다. 이렇게 철기 시대에 이르러서야 비로소 본격적인 건축의 양식style이 시작되었다. 양식이란 생활공간으로서의 실용성과 내적 외적인 장식적 아름다움이 결합된 것을 말한다.

1. 아프리카 아시아의 건축

❈

– 그리스 로마의 건축 양식보다 앞서 꽃핀 아시아 아프리카의 독특한 건축 양식 –

메소포타미아 건축

메소포타미아는 현재의 중동인 이라크, 시리아, 요르단 지역을 일컫는다. 기원전 4,000년경으로부터 기원전 600여 년까지 유프라테스 강과 티그리스 강 유역을 중심으로 찬란한 고대 문명을 꽃피웠다. 이 문명의 시기는 신석기 시대 말기로부터 청동기, 철기 시대를 아우른다. 장대한 기간 동안 주변 지역에 다양한 문명들이 나타났는데, 수메르 문명, 아카드 문명, 아시리아 문명, 바빌로니아 문명 등을 통틀어 메소포타미아 문명이라고 부른다. 현재까지의 발견으로는 가장 오래된 최초의 고대 문명이라고 알려져 있다. 현재 남아있는 최초의 도시의 윤곽은 고대 메소포타미아 지역에 남아있다. 초기 문명의 유적은 작은 것들만 발견되었지만 후기의 문명은 궁궐, 기도를 하거나 신에게 제사를 지내는 사원, 지구라트의 형태로 방대한 모습을 보여준다.

지구라트와 같은 건축물을 짓기 위해서는 돌을 나르는 운반수단,

지구라트(ziggurat)

지구라트는 고대의 메소포타미아 문명의 유적에서 발견되는 네모반듯한 계단모양의 성탑이다. 하늘의 신과 지상의 인간을 연결시키는 건축으로, 바벨탑은 바빌론의 지구라트를 가리킨다고 할 수 있다. 이를 인류 최초의 건축 양식(style)이라고 불러도 무방하다. 이러한 계단식의 첨탑(끝이 뾰족한 탑)은 모양을 달리하면서 이 시기의 여러 문명에 공통적으로 나타난다. 이집트의 피라미드도 이 모양과 유사하다. 사진은 지구라트와 바벨탑의 복원도이다.

다듬는 정교한 기술, 쌓는 기술이 동시에 필요했다. 메소포타미아 우르의 지구라트는 이 시기의 대표적인 건축물이다. 또한 이란의 초가잔빌에도 지구라트가 남아 있다. 이란은 메소포타미아에서는 다소 먼 거리지만 지구라트 양식은 이란까지 영향을 끼친 것으로 보인다. 이 도시 유적에는 가축과 사람의 배설물을 모으기 위한 배수로가 있고, 돌로 만든 포장도로가 있다. 도시는 상상 이상으로 방대하고 청결했다.

• 건축의 재료는 무엇이었을까

메소포타미아 건축의 가장 중요한 재료는 진흙 벽돌이었다. 벽돌은 나무로 만든 틀 안에 진흙을 이겨 넣고 틀을 뺀 다음 건조하여 만들었다. 크기는 한 손으로 들 수 있는 작은 것으로부터 수레로 옮겨야 하는 거대한 것까지, 모양 또한 직사각형과 정사각형으로 다양했다. 벽돌에는 아름다운 무늬를 새겼다. 나중에는 말린 진흙 벽돌뿐만이 아니라 구운 벽돌이 발명되어 단단함을 요하는 건물의 바닥이나 도로의 포장에 사용되었다. 벽돌을 만드는 기술은 눈부시게 발전해서 색깔이 있는 벽돌이 발명되었다. 이제 건물의 내부와 외벽은 채색 벽돌

이라크 우르(ur)의 지구라트(ziggurat)

우르는 메소포타미아 남부에 있으며, 수메르 문명 시기에 세워진 세계에서 가장 오래된 도시 중의 하나이다. 유프라테스 강과 티그리스 강 사이의 페르시아 만에 위치하고 있다. 현재의 위치는 이라크의 수도 바그다드로부터 남동쪽으로 350km 떨어져 있다.

우르의 건축 유적은 해안선의 상승과 퇴적 침식으로 대부분의 유적이 사리지고 일부 유적만이 남아있다. 다행히도 달의 신인 난나와 접속하기 위한 지구라트는 현존한다. 이 지구라트는 벽돌로 건축되었는데, 현재는 2층까지만 남아있다. 그들은 이미 벽돌을 이어붙이는 회반죽을 사용할 줄 알았다.

이란 초가잔빌(tchogha zanbil)의 지구라트(ziggurat)

초가잔빌은 메소포타미아 외곽에 남아있는 몇 안 되는 고대 도시이자 지구라트이다. 기원전 14세기경 엘람 왕조 시대의 건축물로 추정한다.

1979년에 유네스코 세계 문화유산으로 등록되었다. 도시의 중앙에 위치한 지구라트는 원래 5층이었으나 현재 3층까지만 남아있다. 원래의 높이는 53m로 추정된다. 도시는 원으로 생긴 3개의 성벽으로 겹겹이 감춰져 있다.

로 치장되었다. 채색된 부조는 이제 건축이 실용성을 넘어 아름다움도 추구해야 한다는 명제를 확고하게 만들었다. 이런 채색된 벽돌은 테헤란의 국립박물관, 파리의 루브르 박물관, 베를린의 페르가몬 박물관에 전시되어 있다.

이렇게 벽돌을 사용하여 광대한 도시를 건설하고 거대한 지구라트를 세운 것은 메소포타미아 문명의 위대한 업적이었다. 유럽이 아직 돌멩이나 짐승의 뼈로 된 도구를 사용하는 신석기 시대에 머물며 원시적으로 살고 있을 때 메소포타미아의 인류는 문화적인 생활을 영위하고 있었다. 그들은 금속 도구를 만든 것뿐만이 아니라 금속 장신구를 만들어 몸을 치장했다. 금속 공예품을 대량 생산하여 외부와의 교역을 통해 부를 축척하였다. 기원전 460년에서 440년 즈음, 그리스의 역사가 헤로도토스는 지중해를 벗어나 아시아, 아프리카로 여행을 하면서 많은 지역에 관한 기록을 남겼는데, '바빌론은 내가 여행하면서 본 곳 중의 최고의 도시'라고 극찬했다.

메소포타미아 지역은 유프라테스 강이 흐르는 일부 지역을 제외하고는 인간이 살아가기에 자연환경이 썩 좋은 곳이 아니었

채색 벽돌

외출할 필요가 없는 주택! 그럼 인류 최초의 주상복합 아파트인가?

도시가 폐쇄적인 것과 마찬가지로 각각의 주택 단지도 밖으로 나갈 필요가 없는 복합건물이었다. 한 건물 안에 필요한 모든 것이 있었다. 중앙의 실내 광장을 중심으로 각각의 주택이 들어섰고 오직 하나의 출입구만이 있었다. 그 이유는 무엇일까? 이라크, 이란, 시리아의 기후는 인간이 살기에 녹록치 않다. 뜨거운 모래바람이 불어오고, 낮에는 덥고 밤에는 기온이 뚝 떨어진다. 또한 외적의 약탈이 빈번하여 안에서 모든 것을 해결하며 방어해야 했다. 이처럼 험난한 자연환경과 외적의 침입에 적응하기 위한 지혜의 산물이었다. 메소포타미아 문명의 특징은 다른 문명에 비해 폐쇄적인 건축의 특징을 지닌다고 할 수 있다. 도시의 형태도 그렇지만 주택도 마찬가지이다. 사진은 3D로 복원한 우르의 모습과 하란의 진흙 벽돌집이다.

다. 대부분이 황량한 사막이나 암벽 지역이다. 그들은 타민족을 점령하여 살기 좋은 곳을 얻고자 하였다. 도시는 외부의 세력에 대한 방어를 위해 폐쇄적이었다. 사람들은 모두 성문 안에 들어와 살았으며, 모든 도시는 몇 겹의 성곽으로 둘러싸이고, 안의 성곽과 밖의 성곽을 연결하는 미로를 통하여 성문이 연결되었다. 그 성곽 중앙에 궁궐과 신전인 지구라트(ziggurat)가 있었다. 아쉽게도 성곽은 흙벽돌로 축조되었고, 오늘날에는 폐허가 되어 그 윤곽만이 남아 있다.

이집트 건축

이집트 건축이란 통일왕조가 세워진 기원전 3000년 무렵부터 페르시아에 침략당한 기원전 500년 무렵까지 고대 이집트 문명의 시대에 나일 강 유역에서 건설된 건축 양식이다. 북아프리카의 나일 강 유역은 상류로부터 휩쓸려 내려온 영양분이 풍부한 흙이 퇴적된 비옥한 삼각주였다. 고대 인류는 농사를 짓기 시작하면서부터 물이 풍부한 나일 강 유역에 모여들었고, 촌락은 작은 도시가 되고, 작은 도시는 합쳐져서 대도시가 되었다. 그리고 마침내 광활한 지역을 통치하는 이집트의 고대 왕조가 탄생했다. 이집트 사람들은 태양신을 섬겼다. 그들은 풍요로운 수확과 외적으로부터의 보호를 기원하는 제사를 지냈다. 파라오라 불린 왕은 태양신의 자손으로 여겨졌다. 파라오가 죽으면 육체를 썩지 않는 미라로 만들었다. 그리고 그가 영원히 살 수 있는 궁궐(무덤)인 피라미드 안에 미라를 안치했다. 피라미드 안은 미로로 엮여 있어 도굴꾼들은 살아 나오지 못했다. 메소포타미아의 건축이 도시와 지구라트로 크게 분류되는 것과 마찬가지로 이집트 건축 또한 도시와 피라미드로 분류할 수 있다. 도시 안에는 궁궐과 주택, 시장, 공공기관 등이 있었다. 척박한 기후와 외적으로부터의 보호를 위하여 성벽으로 둘러싸인 것은 메소포타미아의 도시와 유사했다. 다른 점은 메소포타미아의 신전인 지구라트가 도시의 중앙에 위치했던 것에 반하여 피라미드는 자연 속에 건설한 건축물이었다는 것이다. 이것은 두 거대한 건축물의 차이점을 설명해준다. 지구라트는 신에게 제사를 지내는 장소의 역할을 했으나, 피라미드는 죽은 자의 무덤이었던 것이다. 현대와 마찬가지로 고대의 인류도 인간이 죽으면 자연으로 돌아간다는 생각에 충실하였던 듯싶다. 그 생각은 절대 권력을 지닌 왕도 예외일 수 없었다.

• 이집트 건축의 재료는 무엇이었을까.

1) 진흙 벽돌

메소포타미아 지역과 마찬가지로 진흙으로 만든 벽돌이 광범위하게 사용되었다. 도시의 관공서와 상점, 평범한 집들은 벽돌을 쌓아 건축했다. 진흙 벽돌은 비를 맞으면 뭉개진다. 덥고 건조한 북아프리카의 사막 기후는 진흙 벽돌에 이상적이었다. 이는 메소포타미아의 경우에도 마찬가지로 적용된다. 비가 많이 오는 동남아시아나 인도의 건축에는 진흙 벽돌이 무용지물이다. 이집트 건축의 외형은 별다른 치장이 없는 사각형 형태이지만 강렬한 태양광선에 의해 밝은 면과 어두운 면의 윤곽이 뚜렷해진다. 이 현상으로 건물은 시각적으로 강렬하고 인상적이며, 단순한 외관을 예술적으로 보이게 만든다. 진흙 벽돌의 사용은 강우량이 거의 없고 뜨거운 태양열에 대한 적절한 대응방식이었다.

2) 석재

그러나 거대한 건축물의 재료는 메소포타미아와 달랐다. 고대 메소포타미아의 지구라트는 거대한 벽돌을 회반죽을 사용하여 쌓았으나,

이집트 건축 재료의 두 가지 예

이집트 테베의 라메세움(rameseum, 파라오 람세스 2세의 제사를 지내는 신전)은 진흙 벽돌 건축의 백미를 선사한다. 진흙 벽돌로 만든 궁륭(궁궐이나 교회의 둥근 천장)은 그들이 천장의 무게를 분산시켜 과학적으로 지탱하는 방법을 이미 알고 있었음을 보여준다.

기원전 1,500년에서 기원전 1,300년 사이에 지어진 제사장(신에게 올리는 제사를 관장한 사람)의 묘인 레크미르(rekhmire), 나트(nakht)는 석재로 만들어졌고, 벽에는 아름다운 채색 벽화가 그려져 있다. 나트 무덤 입구, 나트 채색벽화(우측 위)와 레크미르 채색벽화(우측 아래)

이집트의 궁궐과 피라미드는 커다란 돌을 쌓아 만들었다. 이 무거운 돌을 어디서, 어떤 운송수단을 이용하여 운반해왔는지는 아직까지도 풀리지 않는 수수께끼로 남아있다. 그들은 사암, 석회암, 화강암 등의 석재를 아래는 넓게 위로 갈수록 약간씩 좁아지도록 쌓아 경사면을 만들었다. 이는 돌의 무게를 견디기 위한 방법이었다. 또한 이를 토해 건물 전체에 안정감을 주고 아름답게 보이도록 하였다. 여기에서 우리는 이집트인들이 집을 단지 먹고 자고 일하는 공간이 아니라 아름다움에 대해서도 고민했다는 사실을 알 수 있다.

• 이집트인의 건축 기술은 미스터리이다.

이집트인들은 대단한 수준의 과학 기술을 지녀야만 건축할 수 있는 피라미드나 오벨리스크(태양신의 상징으로 사각형의 긴 탑으로 위로 올라가면 뾰족한 단면이 있다.)를 만들었지만 정작 그들의 건축 기술은 수공업적이었다. 대부분의 건설은 사람의 손과 힘에 의지했다. 그들은 바퀴가 달린 수레와 적은 힘으로 돌을 끌 수 있는 도르래조차 사용하지 않았다고 알려져 있다. 그들은 밧줄로 집채만 한 돌을 묶은 다음 수백 명이 끌어당기는 방법으로 돌을 옮겼다. 돌을 약간 높은 곳에 위치시킨 다음 완만한 경사로를 만들어 아래로 끌어내리는 방법을 썼다고 알려져 있다. 그러나 돌을 채취한 지역과 피라미드나 오벨리스크가 세워진 지역의 거리가 너무 멀어 그 방법은 불가능해 보인다. 아마도 그들은 운반기계나 기중기를 사용했을 것이고, 그에 대한 고고학적 발견이 아직 없는 것으로 보인다.

• 피라미드는 미스터리 중의 미스터리이다.

　독일의 유명한 철학자 헤겔(Hegel)은 "피라미드의 비밀은 이집트인들에게도 비밀이다."라고 말했다. 이 말의 의미는 이렇다. 인류는 논리와 과학으로 피라미드의 비밀을 밝힐 수 없다. 피라미드의 건설에는 과학 이외의 어떤 힘이 필요했다. 그것을 꼭 만들어야 하는 인간의 절실한 마음 말이다. 절실한 마음이 있다면 맨손으로 어떤 방법을 동원해서라도 건설했을 것이며, 절실하지 않았다면 현대의 크레인이 있었다고 하더라도 피라미드를 만들지 못했을 것이다. 피라미드에는 과학기술로 해명할 수 없는 불가사의한 점이 무수히 많다. 이집트인들에게 태양신과 그 이외의 신, 그리고 신의 자식인 왕의 영원한 삶은 현실보다 중요한 것이었다. 바로 이 점이 이집트인들을 이해하는 열쇠가 된다. 그들은 왕의 무덤과 신전을 건설하는 데는 목숨을 걸었으나 현세의 생활을 위한 궁전이나 주택, 시장, 관공서 같은 건물은 그만큼 신경을 쓰지 않았다. 궁전이

피라미드는 단순히 건축 양식(style)이라고 말할 수 없다. 왜?

우리는 앞에서 공간의 실용성과 장식적 아름다움이 조화롭게 결합된 것을 양식이라고 배웠다. 피라미드에는 내적 외적으로 아무것도 없다. 내부의 공간은 미라가 있는 작은 방 외에 아무것도 없으며, 외부에는 장식적 요소가 전혀 없다. 그것은 가장 단순한 돌무더기이면서 가장 아름답다. 그러므로 양식이란 개념으로 정의할 수 없다. 피라미드는 인간이 만든 건축 양식이라는 개념을 초월하여 존재한다.

세계 신기록!

가장 오랜 기간, 장장 3,800년 동안 세계에서 제일 높은 건물 이었던 기자의 피라미드!

나 주택의 유적은 별로 없다. 우주와 같이 황량한 사막에 우뚝 솟은 피라미드는 현세를 초월하여 존재한다. 그것은 아주 단순한 형태다. 그것은 인간의 능력 너머에 있다. 피라미드를 바라보고 있노라면 인간 이외의 생물체가 분명히 존재했을 것이라는 확신이 든다. 아니면 인간의 역사가 진화해 왔다는 것을 부정하게 된다. 그 당시의 인류는 더 진화했고, 지금의 인류는 퇴보했을지도 모른다는 의심 말이다.

페르시아 건축

페르시아 제국은 기원전 1,000년 무렵으로부터 현재의 이란을 중

2,500여 년 전에 건설된 페르세폴리스(persepolis)의 유적지

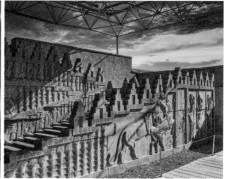

이란의 수도 테헤란에서 남쪽으로 650km 떨어진 곳에 위치한 페르세폴리스(persepolis)는 고대에 이 지역을 통일한 페르시아 제국 아케메네스 왕조의 수도였다. 페르시아 제국은 유럽과 아프리카 남아시아까지 정복했는데, 그 거대한 영토를 다스리는 방법으로 식민지의 문화를 인정하고 융합하여 새로운 문화를 창조해냈다. 2500년 동안 흙먼지 속에 파묻혀있던 페르세폴리스는 1930년대에 세상에 그 위용을 드러냈다. 페르세폴리스는 사람들이 생활하는 도시가 아니라 왕조의 업적을 기리며 제사나 즉위식 등 제국의 주요한 행사를 하는 곳이었다. 그에 걸맞게 웅장한 진입로, 위용을 자랑하는 행사장 건물, 부속 건물 등의 조화와 장대함은 보는 이의 넋을 빼앗는다.

심으로 지중해 연안의 터키, 유럽의 일부, 북아프리카의 에티오피아, 중앙아시아의 아프가니스탄까지를 아우르는 대제국이었다. 통칭 이란의 옛 이름으로 불린다.

• 페르시아 건축의 특징은 무엇인가

페르시아 건축은 뒤이어 나오는 이슬람 건축과 유사한 면을 지닌다. 이슬람 건축이 페르시아 건축의 특징을 계승했다고 볼 수 있다.

페르시아 문명과 이슬람 문명은 비슷한 지역에서 나타났으니 그 연관성을 쉽게 파악할 수 있다. 페르시아 건축은 외관상 메소포타미아 건축의 웅장함, 단순한 미를 이어받았지만 세부의 묘사는 완전히 다르다. 세부의 무늬는 그들이 창안해낸 자신만의 독특함이다. 이러한 특징은 페르시아 제국이 정복한 땅의 생활문화를 제국의 건축에 적극적으로 반영한 것으로 추측된다. 기하학적인 무늬로 반짝이는 타일, 꽃무늬 패턴이 있는 벽돌, 캘리그래피(문자형태)로 풍요롭게 장식된 벽면 등이 그것이다. 그 무늬들은 자연에서 따왔지만 모양을 단순화하였다. 그것은 기하학적이고 끝도 없이 반복적인 형태를 지녔다. 보고 있으면 어지럽고, 현실이 아닌 미지의 세계로 여행하는 듯한 몽롱한 느낌이 밀려온다.

• 페르시아 건축의 변천 과정

초기의 아케메네스 왕조가 멸망하고 파르티아 제국과 사산 제국이 뒤를 이으면서 새로운 건축 양식이 출현했다. 이제 이슬람 사원(모스크)의 전형적 특징이 나타난다. 파르티아 제국과 사산 제국의 혁신은 궁륭(둥근 천장)이 있는 방, 길쭉한 기둥 위에 있는 둥근 돔과 함께 만개했다. 돔의 겉면은 화려한 타일의 모자이크로 장식되었다. 이슬람 세력의 침략으로 사산 제국은 몰락했고, 이슬람 건축은 페르시아 건축의 장점을 계승하여 자기 것으로 만들었다.

페르시아 건축의 특징인 기하학적 무늬의 타일, 꽃무늬 패턴의 벽돌, 그리고 캘리그래피로 장식된 벽면을 확인할 수 있다.

이슬람 건축은 페르시아 건축의 장점을 계승한 형태이다. 기둥 위의 돔과 궁륭이 있는 방, 그리고 화려한 모자이크는 이슬람 건축의 특징이다

이슬람 건축

이슬람 건축의 뿌리는 페르시아 건축이다. 이슬람 건축은 초기로부터 현재에 이르는 동안 세계의 절반에 영향을 끼치고 있다. 세계 각지

페르시아의 무늬가 전 세계에 유행하고 있다. 우리의 일상생활의
모든 문양은 거의 페르시아에서 온 것이다.

양탄자, 도자기, 타일, 벽돌, 그릇, 이불, 벽지에 이르기까지 페르시아 문양은 지금
까지도 우리의 일상에 영향을 미치고 있다.

로 뻗어나가면서 그 지역의 토착 문화와 결합하여 독자적인 특징을 나타낸다. 마찬가지로, 이슬람 건축에 영향을 끼친 페르시아 건축도 같은 방법으로 진화해왔다. 각각의 지역은 중국 - 이슬람 건축, 아프리카 - 이슬람 건축, 인도 - 이슬람 건축 등의 변화를 낳았다. 기독교 건축이 식민지에 진출하면서 자기의 원형을 고집하는 것과는 정반대였다. 우리가 알고 있는 이슬람에 대한 편견과는 다르게, 원래의 이슬람은 훨씬 개방적이고 타 종교나 민족에 우호적인 종교였다. 이슬람 건축은 세속적인 생활 건축과 종교적인 건축 양식으로 나누어 살펴볼 수 있다. 특징을 명확하게 파악할 수 있는 건축물은 역시 모스크, 무덤, 궁전, 요새 등과 같은 종교적인 것이다.

• 이슬람 건축의 백미, 모스크!

모스크는 이슬람 사원을 일컫는 말이다. 이슬람 지역을 여행한 사람이라면 누구나 한번쯤 둥근 선과 날카로운 직선이 만드는 신비로운 조화에 넋을 잃은 경험을 가지고 있을 것이다. 특히 저녁노을을 배경으로 바라보면 이슬람 건축의 신비로움은 배가 된다. 길고 뾰족한 첨탑과 부드러운 둥근 지붕은 서로 어울릴 것 같지 않다. 모순되는 두 형태가 만나 불가사의한 조화를 이루어낸다. 첨탑과 돔(둥근 지붕)은 이슬람 건축의 초기부터 존재한 것이 아니었다. 그들은 주변의 지역을 정복해 나갔고, 그 지역에서 유행하고 있는 건축의 특징들을 결합해서 모스크 양식을 창안했다. 돔과 첨탑 등, 화려한 외관과 달리 모

터키 이스탄불의 블루 모스크

오스만 투르크 제국의 시대인 1609년에 착공하여 1616년 완공했다. 세계에서 가장 아름다운 모스크라는 찬사를 받고 있다. '블루 모스크'라는 명칭이 붙은 이유는 내부 전체를 은은한 푸른빛을 띠는 타일로 장식했기 때문이다. 물론 타일에는 기하학적인 아라베스크 무늬가 무한정 반복되고 있다. 그리고 바로 그것밖에 없어서 아름다움의 극치를 선사한다.

블루 모스크 내부와 아라베스크 무늬   블루 모스크 내부의 캘리그래피

스크의 내부는 극히 단순하다. 내부에는 기둥이 없다. 기둥이 없는 이유는 둥근 지붕이 무게를 외벽으로 분산시켜 주기 때문이다. 운동장처럼 넓은 내부에는 카펫이 깔려 있다. 사방의 벽은 평면이고 한 방향에는 연단이 있다. 이곳은 이슬람의 성지인 메카를 향하는 방향이다. 세계 어느 곳의 모스크를 들어가도 똑같은 구조를 볼 수 있다. 모스크 내부에는 인물이나 동물의 조각이나 벽화, 심지어 색유리나 타일을 이어붙인 동식물의 모자이크 형상조차 없다. 꾸란(이슬람 교리) 59장 24절에 이런 구절이 있다. "창조주만이 인간이나 동물을 창조한다." 대신 예술적으로 구현된 아랍어 문자(캘리그래피)가 무늬처럼 벽면을 수놓는다. 그리고 꽃문양에서 변형된 아라베스크 무늬가 화려하게 벽면을 채운다. 그 반복되는 무늬를 따라가면 무아지경에 빠지는 경험을 하게 된다. 이런 이유로 이슬람 예술에서는 회화나 조각은 크게 유행하지 않았다.

인도 건축

• 인류 최초의 계획도시를 탄생시킨 인도의 인더스 문명

인더스 문명은 기원전 4,000년 무렵 인더스 강의 비옥한 땅을 중심으로 번성했다. 인더스 문명이 남긴 가장 유명한 도시 건축의 유적은 모헨조다로(mohenjodaro)이다. 모헨조다로는 현재의 파키스탄 수도 카라치에서 북동쪽으로 400km 떨어진 곳에 위치한다. 모헨조다

모헨조다로

모헨조다로의 벽돌 도시 전경과 길 옆의 배수로

모헨조다로의 유적

모헨조다로의 공중목욕탕

모헨조다로의 골목

로는 '죽은 자의 언덕'이라는 뜻이다. 그 이름의 유래는 비극적이다. 인더스 문명을 일으킨 원주민은 현재 인도와 피키스탄에 살고 있는 아리아인에게 정복당했다. 아리아인은 유럽으로부터 이동한 것으로 알려져 있다. 모헨조다로는 정복자에 의해 파괴되었고 원주민은 살해되었다. 이런 연유로 이곳은 죽은 자의 도시가 되었으며, 이후 사람들이 접근하지 않는 지역이 되었고, 수천 년 동안 모래 흙속에 방치되어 있었다. 건축의 주재료는 진흙 벽돌이었다. 모헨조다로 역시 건조한 사막에 속했기 때문에 진흙 벽돌은 무너지지 않았다. 그들은 2층을 올리는 방법을 몰랐기 때문에 모든 가옥은 1층이었고, 도시는 현대의 계획도시처럼 바둑판모양으로 정교하게 배열되었다. 각 건물 사이에는 촘촘히 교차로가 있었고, 도로는 벽돌로 포장을 했으며, 길 가장자리는 벽돌 한 장 정도로 낮은 배수로가 설치되었다. 인류 최초로 하수도 시설을 갖춘 도시였다. 특이한 점은 수백 명이 들어갈 수 있는 대중목욕탕이 있었는데, 이는 몸을 씻는 일반목욕탕이라기 보다는 제사나 의식을 치르기 전에 단체로 몸을 정화하는 성스러운 장소로서의 의미를 갖는다. 강물에 몸을 담그는 힌두교나 기독교의 종교적 의례와 흡사하다. 목욕탕의 벽면에는 코르타르를 발라 방수 처리를 할 정도로 기술력이 뛰어났다. 안타까운 것은 주거지 이외의 궁궐이나 사원, 무덤 같은 웅장한 건축물은 다 사라져 원형을 알 수 없다는 사실이다.

중국 건축

황하 문명, 중국어 발음으로 황하 문명은 중국의 황하 중하류를 중심으로 번성한 문명의 총칭이다. 신석기 시대의 츠산 문명, 양샤오 문명, 룽산 문명을 거쳐, 청동기와 철기 시대인 상나라, 주나라로 이어진 문명을 통칭하여 부른다. 서양에서는 중국의 문명이 메소포타미아나 이집트, 인더스 문명보다 늦은 기원전 2,000년 무렵의 룽산 문명으로부터 태동했다고 말하고 있으나, 중국은 기원전 5,000년 이전의 신석기 시대를 황하 문명의 시작점으로 보고 있다. 그 어느 것도 정확하지는 않다. 연대를 알 수 있는 물품이나 기록이 남아있지 않을 경우, 하나의 유적을 놓고 시기를 명확히 판단하는 것은 매우 어려운 일이다. 또한 그것이 찬란한 문명인지, 단지 고대 인류의 거주 흔적인지를 판가름하는 것은 나라끼리 패권을 다투는 것과 같다. 한쪽은 상대를 깎아내리려 하고, 한쪽은 자기를 부풀리려고 한다. 일반적으로 황하 문명은 기원전 3,000년경부터 시작된 것으로 추측하고 있다. 아무튼 이 시기로부터 중국은 동아시아의 문명의 중심지 역할을 하였다. 동아시아의 건축 양식은 나라마다 조금씩 다르기는 하지만 원형은 중국으로부터 들어왔고, 그 원형에 자신의 색깔을 입히는 과정을 거쳤다고 해도 무방하다.

• 중국의 건축 양식은 다른 고대 문명과 비교하여 무엇이 다를까?

물론 외관과 내부의 구조가 다르다. 그 나라의 기후나 생활 습관,

외부 세력과의 관계에 따라 건축의 구조가 달라지는 것은 당연한 일이다. 중국의 건축 양식에는 메소포타미아, 인더스, 페르시아, 이집트 건축 양식과 확연히 다른 점이 한 가지 있는데, 그것은 건축의 재료로 진흙, 돌, 석회를 반죽한 접착제와 더불어 목재를 광범위하게 사용한 점이라고 할 수 있다. 이 점은 중국의 기후가 다른 곳보다는 온화하고, 강수량이 풍부하여 나무가 자라기 좋은 환경이었기 때문일 것이다. 또한 습한 여름 때문에 진흙만으로 건물을 지탱하기는 힘들었을 것이다. 그 이유 때문에 벽면 위에 경사진 지붕을 올렸다. 이집트나, 메소포타미아, 페르시아, 인더스 문명 등의 주택에는 지붕의 경사가 없고, 평평한 구조로 이루어져 있다.

• 만리장성 하나만으로도 중국 고대 건축의 위용을 볼 수 있다.

만리장성은 중국의 고대 왕조가 북쪽 흉노의 침입을 막기 위해 기원전 7세기에서 기원전 2세기까지 건축했다. 그 길이가 무려 4,000km에 이르고, 달에서도 식별할 수 있는 지구 유일의 건축물이라고 한다. 만리장성은 처음에는 황토와 진흙, 암석, 나무를 사용하여 건설했으나 나중에는 벽돌

중국의 고대 도시는 왜 다른 고대 문명의 도시처럼 남아있지 않을까?

중국의 기후는 다른 문명처럼 건조하지 않았다. 여름에는 비가 오고 겨울에는 눈이 왔다. 나무는 쉽게 썩고 벽돌은 무너져 내렸다. 돌조차 수천 년의 시간이 흐르면 부식된다. 그런 이유로 다른 고대 문명의 도시처럼 지상으로 솟은 건축의 흔적은 없다. 단지 기초 공사를 했던 지반반이 남아있을 뿐이다.

과 석회 반죽을 사용한 타일로 건축되었다. 또한 목재로 축조한 성문이 안팎으로 통하는 길을 막았다. 중국의 건축에서 특이한 점인 목재 사용의 출발점은 기원전 5,000년경까지 거슬러 올라간다. 만리장성은 수천 년 동안 허물어지고 개축하기를 반복했다. 시간이 흐르면서 석재벽돌로 성벽을 쌓고, 평평하게 연마된 돌로 성 위의 길을 포장하게 되었다. 나무로 만든 성문은 화려하게 채색되었다. 이렇듯 비록 건축의 재료는 바뀌고 수시로 개보수 되었지만 현대까지도 고대의 원형을 그대로 유지하고 있는 건축물이라고 할 수 있다.

중국의 불가사의한 고대 건축물들을 몇 개만 알아보자! 이외에도 수없이 많다.

만리장성과 영거. '영거'는 세계 최초, 세계 최대의 수로로 장강과 주강을 잇고 있다. 중국에서는 기원전 214년 진나라 때에 이미 수로를 사용했다. 국가의 통일을 공고히 하고, 물자의 원활한 수송을 위해 수로를 이용했던 것이다. 이렇게 오랜 역사를 가진 수로는 지금까지도 사용되고 있다. 사진은 광시 장족 자치구에 있는 영거이다.

진시황릉은 글자 그대로 진시황의 무덤으로 기원전 247년부터 건설을 시작하여 기원전 208년에 완공되었다. 지금의 산시성 성동의 여산 북쪽 기슭에 있다. 건설하는데 수만 명의 인부가 동원되었음에도 무려 39년이라는 엄청난 시간이 걸렸다. 과학적인 설계를 하였으며 중국 역사상 가장 규모가 크다. 내부에서 출토된 말과 군사의 모형은 흙으로 정교하게 조각하여 구웠는데 살아있는 것 같은 생동감을 준다.

2. 유럽의 건축

❁

– 유럽 건축 양식의 어머니, 그리스 로마 건축 양식의 태동 –

그리스 건축

유럽의 문명은 아시아나 북아프리카의 문명보다 늦게 피어났다. 대략 기원전 1,000년 정도로 추산한다. 그 첫 문명은 프랑스도 영국도 아닌 남쪽의 작은 나라 그리스에서 태동했다. 엄밀히 말하면 기원전 3,000년 경, 지중해의 섬에는 작은 문명이 산재했다. 그들은 이집트나 메소포타미아, 페르시아와 교류하면서 유럽 대륙의 그리스보다 먼저 자신들의 문화를 발전시킬 수 있었다. 작은 섬들의 집합체인 미케네 문명, 크레타 섬의 크레타 문명 등이 그 예다. 지리적으로는 북아프리카나 메소포타미아에 가깝다. 이 문명들은 그리스 문명보다 더 빠르지만 통칭 이 모든 것을 합하여 그리스 문명이라 일컫는다.

미케네와 크레타의 전통을 흡수한 그리스의 도시 건축은 이집트와 페르시아의 것과는 아주 달랐다. 그 차이는 어디에서 비롯된 것일까? 건축의 발전은 그 시대의 문화를 따르기 마련인데 그리스의 문화

크레타의 궁궐 건축

크레타 섬의 궁궐은 지진으로 파묻혔다가 현대에 와서 발굴되었다. 외관은 사각형으로 단순하지만 석주(돌기둥)으로 천장을 떠받치는 독특한 건축 양식이 나타난다.

그들은 천장을 둥글게 만들어 무게를 분산하는 방법을 아직 알지 못한 듯하다. 하지만 자세히 보면 그들의 방은 천장의 무게를 분산시켜야 할 정도로 크지 않다. 궁궐의 방은 작고 무게를 지탱하는 벽들로 나뉘어져 있다. 이 석주는 방 천장의 무게를 지탱하는 목적이 아니라 회랑(긴 복도)을 지탱하는 역할을 한다. 이 양식은 그대로 그리스의 신전 건축으로 계승된다. 특이한 점은 크레타 궁궐 의 석주는 아래가 가늘고 위가 두꺼워서 거꾸로 세워진 듯 만들어졌다는 점이다. 그 이유는 무엇일까? 아름다움을 위해서인지, 과학적인 근거가 있는 것인지는 정확하지 않다. 또한 방의 벽은 아름다운 채색 벽화로 장식되어 있다. 벽화의 양식은 이집트인들로부터 배운 것으로 보인다.

는 이집트나 페르시아와 확연히 달랐기 때문일 것이다. 이집트나 메소포타미아, 페르시아, 중국의 황하, 인도의 인더스 등의 도시에서는 지배 계급이 국가를 통치했지만, 그리스에서는 시민 민주주의의 맹아가 싹을 틔웠다. 물론 그리스 시대에도 노예가 있었지만, 시민들이 돌아가면서 대표자가 되었고, 그 대표자에 의해 도시가 통치되었다. 이와 같은 문화의 영향으로 그리스 시대에는 궁전 건축은 그다지 중요

이집트 벽화와 크레타 벽화의 유사성, 그리고 이를 모방한 현대의 피카소!

이상하게도 이집트 사람들은 인물의 측면을 그렸지만 눈은 정면을 바라보게 그렸다. 또한 정면을 바라보는 인물의 발은 측면으로 길게 그려 발의 온전한 모습을 그렸다. 이는 이집트 장식미술의 가장 큰 특징이며 '신체의 정면성'이라고 한다. 크레타 인들도 그런 방식으로 방의 벽면을 장식했다. 그리스 시대에 이르러 인물은 측면이면 측면만, 정면이면 정면만, 보이는 그대로 사실적으로 그려졌다. 하지만 미술의 역사는 돌고 도는 것인가. 현대에 이르러 피카소는 고대 이집트 벽화처럼 인물을 묘사했다. 옆으로 서 있지만 눈과 귀, 팔 다리 등의 신체의 각 부분은 정면을 향한다. 몸은 분해되어 조립된 것처럼 보인다.

하게 여겨지지 않았다. 그보다 시민 공동체의 안녕을 기리는 신전과 생활에 필요한 공공건물, 가게, 사원, 시민의 주택, 음악당, 회의장, 체육관 등으로 둘러싸인 아고라로 불리는 광장이 중요한 역할을 하게 되었다. 아고라는 왕의 독재적 명령보다는 시민의 공개된 토론을 통해 얻어진 결론을 중요시하는 그리스 문명의 상징이었다. 아고라에서 결정된 사안들은 도시국가의 정책이 되었다. 이는 도시 가운데에 폐쇄적인 왕궁을 짓고, 그 주변으로 평민들의 주택을 건설했던 타 문명의 도시와는 대조적인 모습을 띠게 되었다. 아고라는 평민의 생활이 도시의 중심임을 선언했다. 평소의 광장은 개방적이었으나 조용했고, 필요한 순간에는 사람들이 몰려들었다. 또한 신전조차도 메소포타미아나 이집트 문명과는 성격이 달랐다. 그리스의 신은 절대적인 신이 아니라 인격화된 다수의 신이었다. 아폴로, 제우스, 헤라 등 신에게는 인간 개개인처럼 각각의 이름이 있었다. 그들의 신전은 엄격하거나 무서운 느낌 보다는 밝고 즐거운 곳이었다. 신전은 모두에게 개방적이었고, 신전 앞에서 축제를 벌이거나, 체육 경기, 노래 경연 등이 펼쳐졌다. 아테네의 중심인 아크로폴리스 언덕에 세워진 파르테논 신전은 그리스 문명을 상징적으로 보여준다.

• 그리스 건축의 재료는 무엇인가.

초기 그리스는 이집트와 메소포타미아처럼 주택이나 공공건물을 진흙 벽돌을 사용하여 건설했다. 재료는 같지만 그리스의 건축은 사각형의 평면이 아니라 대단히 장식적인 아름다움을 추구했다. 그러나 유구한 세월 속에서 진흙 건축의 본래 모습은 남아있는 것이 거의 없다. 이 역시 이집트나 메소포타미아의 사막보다 상대적으로 습한 기후로 인하여 진흙이 세월을 견디지 못했기 때문일 것이다. 건축 기술과 장식 기술에 대해서도 기록이 없다. 그들은 진흙과 더불어 목재도 사용했다. 이 또한 남아있는 것이 없다. 하지만 기원전 650년 이후에는 석재를 광범위하게 사용하였다. 도시국가가 번성하면서 많은 부를 축적했기에 가능했다. 지중해 연안은 양질의 대리석이 풍부했으며, 그

아고라의 모습과 인터넷의 아고라 커뮤니티

지금처럼 페이스북이나 트위터, 인스타그램 등이 활성화되지 않았던 20여 년 전, 아고라라는 유명한 커뮤니티가 있었다. 그곳에서 사회 정치적인 이슈를 가지고 자유로운 토론이 이루어졌다. 그 이름은 그리스의 토론 광장 아고라에서 빌려왔다.

자연적 조건이 석재 건축을 가능하게 만들었다. 굉장히 많은 석재 구조물들은 살아남아 현재까지도 경탄을 자아내게 한다. 중간 중간 부분적으로 재건축되거나 다시 세워졌지만 복원상태가 정교하여 수리하거나 재건한 상태를 모를 정도로 대단히 양호하다. 거의 똑같은 재료를 쓰면서, 오랜 기간 과학적인 고증을 통하여 수리하거나 복원을 했기 때문이다. 가장 극적인 것은 아폴로 신전, 파르테논 신전, 아테네 신전 등의 성스러운 건축물들이다. 특히 아폴로 신전의 돌벽에는 신전의 건축도면이 새겨져 있다. 이 건축도면은 현재 남아있는 세계에서 가장 오래된 건축도면이라고 할 수 있다.

아테네의 중심에 서 있는 아크로폴리스 언덕

• 그리스 건축 양식의 핵심은 조화였다!

흔히 그리스 문명을 인간중심의 문명이라고 말한다. 신조차도 신기한 능력을 가졌지만 인간과 같은 모습을 하고 있었다. 도시의 구조도 인간의 생활을 편리하게 하는데 주안점을 두었다. 이 정신은 1500여 년이 지나 유럽의 르네상스(re-naissance) 문화로 다시 피어난다. 르네상스란 '다시(re)' 인간중심 정신으로의 '부흥(naissance)'을 의미한다. 그리스 건축은 타 문명의 건축처럼 엄청난 규모도 아니었다. 그렇다고 아주 작지도 않았다. 인간의 눈으로 보기에 아름다워 보이는 적정한 크기를 유지했다. 또한 내외부의 장식이 전혀 없는 밋밋한 형태도 아니었지만, 장식이 덕지덕지 붙은 정신없는 형태도 아니었다. 또한 하늘로 치솟거나 옆으로 긴 직선도 아니었고, 그렇다고 곡선이 주를 이루는 불규칙한 모습도 아니었다. 직선을 위주로 하였으나 그 직선은 착시로 인하여 부드럽게 보이는 효과를 창출했다. 매우 뛰어난 질서와 짜임새를 나타내지만 딱딱하게 보이지 않았다. 단순해 보이지만 그렇다고 지루한 느낌도 아니었다. 이런 느낌을 자아내는 데는 여러 가지 기교가 도입되었다. 그 기교는 세심하게 살피지 않으면 보이지 않는 것들이다. 그중의 몇 가지만을 알아보자.

어떤 건물의 지붕을 떠받치는 원기둥이 줄지어 있다고 가정해보자. 그리스의 신전 건축을 자세히 보면 기둥의 중앙부가 완만하게 부풀어 있다. 이는 시각적으로 수평과 수직의 딱딱한 교차를 완화시켜 준다. 권위적인 건물이 온화하게 보이는 것이다. 그리고 기둥에는 세로로 홈이 파져 있는데, 이는 지붕의 하중이 아래로 빠져나가는 듯한 착시효과를 준다. 또한 벽면이나 기둥이 감지되지 않을 정도로 약간 안쪽으로 기울어져 있다. 안으로 중심이 잡히면 훨씬 안정감을 주는 것이다. 이런 몇 가지 지혜만 살펴보더라도 그리스 건축의 독특함을 알 수 있다. 그들은 과학적 설계와 건축 재료를 다루는 기술을 활용하여 튼튼한 건물을 지었지만, 거기에 머물지 않고 섬세한 기교를 가미하여 아름다운 건축물을 완성했다.

그리스 여행을 가서 신전을 볼 때 알아두면 재미있는 것!

돌기둥 사진
(도리아식, 이오니아식, 코린트식)

원기둥의 형태는 시대의 흐름에 따라 세 가지로 나뉜다.

가장 초기의 형태는 도리아식이며 아크로폴리스 언덕에 있는 파르테논 신전이 이에 속한다. 도리아식은 남성적인 강인함, 엄격함을 표상한다. 파르테논 신전은 고대 아테네의 수호자인 여신 아테네를 기리는 신전이다. 여신이지만 수호자로서의 용맹함을 표현하는 양식이라고 볼 수 있다.

그 다음 이오니아식이 나타났는데 아르테미스 신전이 이에 속한다. 이오니아식은 여성적인 우아함과 날씬함을 강조한다. 아르테미스는 달의 여신이며 그에 어울리는 양식이라고 할 수 있다.

가장 늦게 나타난 코린트식에는 제우스 신전이 있다. 코린트식의 기둥은 화려한 장식을 떠받친다. 모든 신들의 아버지인 제우스의 신을 기리는 건축답게 화려한 양식이다. 안타깝게도 제우스 신전은 지진으로 파괴되어 기둥의 파편만이 땅 속에서 발견되었다.

아르테미스 신전과 이오니아식 돌기둥의 세부

제우스 신전과 코린트식 돌기둥의 세부

로마 건축

로마 제국의 형성과정을 보면 로마 건축이 보인다. 그리스와 거의 동시에 이탈리아에도 고대 문명이 나타나기 시작했다. 로마는 늑대가 키운 쌍둥이 형제 로물루스와 레무스가 패권다툼을 하였고, 왕위 다툼 끝에 로물루스가 초대 왕이 되었다고 한다. 로물루스라는 이름을 따서 로마라는 이름이 생겼다고 전해진다. 그렇게 하여 기원전 754년에 로마라는 도시국가가 탄생하였고, 기원전 509년에 공화정(민중의 대표자에 의한 통치)을 거쳐 기원전 27년부터는 왕정으로 이행했다. 대부분의 국가가 왕정에서 공화정으로의 변화를 겪은 것과는 정반대인 것이 특징이다. 이러한 정치 형태의 변화는 주변 지역을 점령하는 영토 확장과 같이 이루어졌다. 영토가 넓어지면 당연히 절대 권력을 필요로 하는 이치와 같다. 이렇게 하여 티베르 강변의 작은 촌락이었던 로마시는 기원전 100년 무렵에는 지중해 연안 전역에 걸쳐서 패권을 확립했다. 이제 로마는 그 영토에 걸맞게 로마 제국이 되었다. 아우구스투스 황제 이후 약 200년 동안 로마는 평화와 번영의 시대를 맞이하였다. 특히 네르바 황제로부터 트라야누스, 하드리아누스, 안토니우스, 아우렐리우스 황제에 이르는 이른바 5명의 현명한 황제 시대는 로마 제국의 절정기였다. 로마는 당시 최고의 문명 지역인 그리스를 정복했을 뿐만 아니라, 대서양 연안의 포르투갈과 스페인으로부터 동쪽으로는 동유럽을 넘어 인도 부근까지 점령하는 대제국을 이루었다. 또한 남쪽으로는 사하라 사막 이북의 아프리카를 점령하여, 말 그대로 인류 최초의 세계 대제국이었다.

• 거리도 가깝고 비슷한 것 같지만 완전히 다른 그리스 건축과 로마 건축

그리스가 작은 도시국가를 중심으로 나뉘어져 인간중심의 문화를

로마 시대를 대표하는 건축물, 콜로세움과 개선문

콜로세움의 내부와 외부, 개선문과 콜로세움

아기자기하게 꽃피웠다면, 로마는 광활한 지역을 통치하는 황제를 중심으로 삼는 문화를 꽃피웠다. 로마에서 발달한 건축은 콜로세움과 같은 대형 경기장, 타 지역을 정복하고 돌아오는 군대를 위한 개선문, 황제의 치적을 자랑하는 기념비, 황제를 알현하는 대형 광장이 발달했다. 로마의 건축은 그리스로부터 외형적인 아름다움의 영향을 받았다. 그러나 규모는 방대해지고, 내부는 아름다움보다는 편리함, 실용성 등을 중시하게 되었다. 그들은 내부를 넓게 보이게 하기 위하여 벽이나 기둥을 세우지 않고 지붕의 무게를 지탱하는 방법을 고안했다. 그것은 아치형의 둥근 천장이다. 이 양식은 무게를 밖으로 분산시켜 별도의 기둥을 필요로 하지 않는다. 그런 이유로 로마 건축의 내부는 마치 야외의 광장처럼 넓었다. 로마 예술의 백미는 조각이나 미술이 아니라 건축이었다. 그리스적인 요소에 자신들의 고대 건축의 유산인 성문이나 분묘의 아치를 도입하여 기념비적인 건축물을 많이 만들어 냈다. 로마 시대를 대표하는 거대한 건축으로는 콜로세움, 판테온, 땅을 파서 물길을 낸 것이 아니라 지상에 기둥을 세우고 건축한 대형 수로, 목욕장 등이 있다. 그 중에서도 관광지로서 가장 유명한 콜로세움은 황제 베스파시아누스가 건설한 대형 경기장이다. 지름이 좌우로 188m, 156m에 이르고, 높이는 48.5m이며 4층의 관람석으로 구성되어 있다. 오늘날의 월드컵 경기장보다 큰 규모를 자랑한다. 수 만 명의 로마 시민은 노예들이 칼을 들고 상대를 눕히면 손가락을 들어 죽이라는 괴성을 질렀다. 로마 건축의 역사에서 불후의 명작으로 칭송받는 판테온은 앞에서 보면 그리스의 신전을 모방한 것 같지만, 몸체는 하나의 둥근 바가지를 엎어놓은 듯한 단순한 형태이다. 이 둥근 모형은 로마 건국 초기의 전통적인 신전 양식이었다. 로마 제국은 여러 지역을 정복한 민족답게 식민지의 좋은 것은 자기 것으로 받아들이는 개방성이 있었다. 판테온의 입구는 바로 그리스 신전 양식을 모방했다. 판테온은 제사를 지내는 신전으로 여러 개가 있었지만, 지금 남아 있는 것은 기원후 100년 경 하드리아누스 황제에 의하여 건축된 것이다. 건물의 지름은 43m이고 높이도 43m로 같다. 벽의 두께는 6.2m이고 건물의 위에는 지름 9m의 원형 지붕이 놓여 있다. 판테온의 형태는 지극히 간소하다. 마치 건축이 아닌 것처럼 보인다. 그러나 그 간소함이 그리스의 신전과는 다른 아름다움을 내뿜는다. 그 외에 극장, 목욕장, 황제의 별장, 개선문, 기념탑, 다리 등이 남아있고, 모두 거대한 규모와 제국의 위용, 생활의 실용성 등이 돋보이는 작품들이다.

로마 시대를 대표하는 건축물, 판테온

판테온 전체 모습

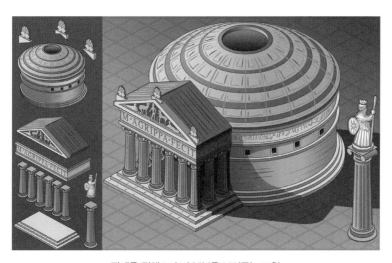

판테온 전체 모습과 부분을 보여주는 모형

정면 입구(그리스의 신전 양식)　　본체(원형 건물, 고유의 양식)　　내부(아치형 광장, 고유의 분묘 양식)

판테온 광장(그림), 조반니 파올로 판니니(Giovanni Paolo Pannini)

로마시대를 대표하는 건축물, 목욕장과 고가 수로(수로교)

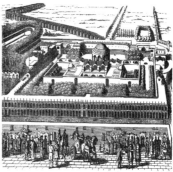

목욕장 유적과 로마 시대 목욕장의 일러스트레이션

프랑스에 남아있는 로마 고가 수로의 세부 모습

프랑스에 남아 있는 로마 시대의 가르교(수로교)

몽골 달란아가라의 유적

제3장
중세 건축

450년 ~ 1450년

- 암흑의 세상에 빛나는 아름다움 -

: 개요

중세를 어느 시기라고 딱 잘라 말하기 어렵다. 또한 유럽의 중세와 아시아의 중세에도 큰 차이가 있다. 중세 유럽이 문화 암흑기를 겪는 동안에 아시아에서는 문화적으로 최고의 황금기를 구가했다. 중세는 유럽인들의 역사 구분의 시기로서, 대략 고대와 르네상스 시대에 낀 시간이다. 메소포타미아, 이집트, 페르시아, 인더스, 황하, 그리스를 거쳐 고대 문명의 끝자락에 있었던 로마 제국이 동로마, 서로마 제국으로 분열되어 문명은 쇠퇴하고 기나긴 침체기가 찾아왔다. 이 쇠퇴의 시기로부터 대략 1,000년이 지나 다시 그리스 문명의 인간중심주의로 돌아가자는 문예부흥 운동이 일어났던 르네상스 시기까지를 일컫는다. 중세의 유럽은 문명의 암흑기였다. 로마 제국은 기독교를 받아들였다. 처음에는 제국을 단결시키는 구심점 역할을 했으나 점점 기독교의 권력이 강해지면서 교황이 황제보다 우위에 있게 되었다. 교황은 황제의 권위를 무너뜨리고 작은 영주들에게 특혜를 주면서 교회의 권력으로 포섭하였다. 이제 기독교가 인간을 지배했다. 인간은 죄인이어서 행복할 권리가 없는 존재였다. 오직 교회에 헌금을 내면서 천국에 가기 위해 기도해야 하는 존재였다. 설상가상으로 흑사병이 돌아 수백만 명이 죽고, 농경지는 황폐해졌다. 교황과 영주들은 하느님의 나라를 되찾는다는 구실로 이슬람 문화권과 십자군 전쟁을 일으켰다. 많은 사람들이 전쟁에 나가 죽거나 다쳤다. 바로 이런 상황이 종교중심주의가 아니라 인간중심주의로의 열망을 부추겼다. 인간중심주의를 가장 잘 실현했던 그리스 문명은 르네상스의 교과서였던 것이다.

이런 분위기 속에서, 자연스럽게 중세 건축의 중심은 교회 건축이었다. 생활 공간으로서의 집이나 도시 건설은 퇴보하였다. 인간의 삶은 중요한 문제가 아니었던 것이다. 봉건영주의 성도 교황의 권위를 능가하지 않는 범위 내에서만 축조되었다. 그러나 교회 건축이 중심이었지만, 고대 문명의 신전처럼 위용을 자랑하거나, 외관이 화려하다거나, 이상적인 아름다움의 조화를 이루지도 못했다. 중세 초기의 교회는 카타콤(지하묘지 형식)이었다. 이를 초기 기독교 양식이라고 부른다. 기독교는 탄압을 피해 거의 지하에서 예배를 보았다. 예배당이 있고 각 방은 미로로 연결되어 있었다. 그 안에서 나오지 않고 순교하는 사람들도 있었다. 지금도 유럽의 여러 나라에 산재해 있는 카타콤에 들어가면 당시 죽은 사람들의 해골이 전시되어 있는 것을 볼 수 있다. 이후 기독교가 로마 제국의 종교로 인정을 받자, 교회 건물을 어떤 모양으로 지을 것인지를 고민했다. 기독교 교회는 한 번도 건축한 적이 없었기 때문이다. 그들은 로마의 건축 중 바실리카를 모방했다. 바실리카란 여러 사람이 모여 회의를 하는 강당 같은 건물이었다. 기독교 역시 예배를 보기 위해서는 그런 강당이 필요했다. 그것은 투박한 돌덩이로 단순하게 직사각형의 벽 위에 경사진 지붕을 얹은 곡물창고처럼 멋없는 외관을 지녔다. 내부는 칙칙하고 어두컴컴했다. 오직 빛이 들어오는 조그만 창을 통해서만 세상을 볼 수 있었다. 이 형태가 발전하여 교회 같은 외관을 갖춘 것을 로마네스크 양식(로마의 건축을 모방한 양식)이라고 한다. 여기서 주의해야 할 점은 로마네스크 양식이 로마 건축의 화려함을 본뜨는 대신 바실리카라는 강당의 모습을 의도적으로 모방했다는 사실이다. 이것은 교회에 돈이 없거나 기술이 부족해서도 아니었고 화려함을 싫어했기 때문인 것도 아니었다. 그것은 교회가 민중을 지배하기 위한 의도적인 투박함이었다. 중세 후기에 이르러서는 고딕 양식이라는 것이 생겼다. 교회는 높고 외관은 부조와 조각품으로 화려하게 장식되었다. 그러나 전체적인 분위기는 여전히 음침함을 벗어나지는 못했다. 이런 이유로 인하여 중세를 문화의 암흑기라고 부른다. 삶의 아름다움, 즐거움, 인간의 존엄함 등은 없었다.

1. 유럽의 중세 건축

– 아름다움의 폐기. 인간은 죄인이다. 신을 위해 너를 희생하라 .–

초기 기독교 건축 양식

기독교는 심한 박해를 받으면서 로마 제국으로 전파되었다. 로마 제국의 영토는 북유럽을 제외한 거의 전 유럽으로 확장되었다. 따라서 기독교도 같이 전파되었다. 초기 기독교 건축은 남서부 유럽의 주요한 건축 양식이 되었다. 처음에는 비밀스런 야외의 장소, 신도의 주

카타콤 내부

택에서 예배를 보았으나 박해가 심해지자 지하실에 예배당을 마련하였고, 그것조차 발각되어 죽음을 당하기에 이르자 아예 '카타콤'이라 불리는 지하의 예배당을 건설했다. 카타콤은 예배와 수도 생활, 주거의 역할을 하였음으로 그 규모는 작은 마을 정도로 거대하다.

바실리카 양식

로마 제국은 기독교를 받아들이고 국교로 공인했다. 이제 비밀리에 예배를 볼 필요가 없었다. 공공장소에서 대규모 집회를 할 수 있게 됨에 따라 기독교의 교리와 의례에 가장 적합한 새로운 건축 양식을 만들어 내는 것이 큰 과제였다. 고대 문명은 신전 건축을 유산으로 갖고 있었지만, 신전을 교회에 적용할 수는 없었다. 신전은 신에게 제사를

바실리카 양식의 초기 교회

2,000년이 지나도, 어디에 세워져도 변하지 않는 양식!

미국의 시골 교회

아프리카의 시골 교회

한국의 아담한 시골 교회

지내는 성격이 강했지만, 교회는 기도가 주 임무였기 때문이다. 마땅한 교회의 형태는 떠오르지 않았다. 기독교도들은 우선 고대 로마의 바실리카라는 대중 집회시설을 교회당 대용으로 택했다. 바실리카는 많은 사람을 강당에 모으고 의장이 연단 위에서 연설을 할 수 있는 모습을 하고 있는데, 이는 예배를 주도하는 성직자와 참여하는 교인으로 나뉘는 교회당에 적합한 모형이었다. 기독교인들은 바실리카의 원형에 약간의 수정을 가했다. 연설을 하는 연단을 제단으로 바꾸었다. 제단의 위치는 동쪽에 위치하도록 했다. 바실리카의 입구는 직사각형 건물의 측면(긴 면)에 있었지만 입구를 서쪽 정면(짧은 면)으로 변경했다. 그래서 서쪽 입구에 들어서면 긴 예배소의 내부가 나타나고 동쪽 끝에 제단이 있는 일반적인 교회의 모습이 태동했다. 바실리카 양식은 현대에 이르기까지 교회의 양식의 기원을 이루고 있다. 어느 나라의 교회든지 이런 구조를 따른다. 이 구조는 들어오는 이에게 멀리 끝에 있는 십자가를 바라보면서 경건함을 주기에 충분했다. 기독교는 카타콤의 음산하고 비좁은 장소에서 지상의 넓은 장소로 나오게 되었다.

비잔틴 건축

로마 제국은 결국 동로마 제국과 서로마 제국으로 분열된다. 그리스를 포함한 유럽의 동쪽과 아시아의 일부는 동로마 제국의 영토가 되었고, 이탈리아를 포함한 독일, 프랑스, 스페인 등의 유럽의 서쪽은 서로마 제국이 되었다. 광대한 영토를 장기간 지배하는 것은 그만큼 어려운 일이었다. 이때 주도권을 쥐고 번성한 것은 동로마 제국이었다. 서로마 제국은 확실한 중심적 권력이 없었다. 프랑스나 독일 등 유럽 여기저기에서 여러 왕조가 서로마 제국의 권력을 쥐었다가 멸망하기를 반복했다. 비잔틴 건축은 동로마 제국에서 태동한 건축 양식을 말한다. 비잔틴은 로마의 콘스탄티누스 황제가 330년에 수도를 지금의 터키의 수도인 이스탄불로 옮기면서 붙여진 이름이다. 이스탄불의 당시 이름이 비잔티움이었다. 이렇게 비잔틴 건축 양식은 비잔티움으로 천도하고 동로마 제국이 시작된 때로부터 오스만 투르크족의 침입으로 비잔티움이 함락된 1453년까지 거의 1,000년 동안 동로마 지역에서 전개된 건축 양식이었다. 비잔티움은 아시아와 유럽의 경계에 위치했다. 동서 문화의 교류와 접촉이 활발했던 곳이다. 메소포타미아나 페르시아의 고대 문명과도 맞닿아 있었다. 비잔틴 건축에는 유럽과 아시아의 건축 양식이 공존한다. 중세 서유럽의 건축은 어둡고 우울했지만 비잔틴 양식은 이국적인 아름다움을 뽐냈다. 이국적인 아름다움이란 아시아적인 요소가 들어있기에 가능했다.

• 그럼 비잔틴 건축 양식의 가장 큰 특징은 무엇인가

비잔틴 건축 양식의 가장 큰 특징은 그리스, 로마의 건축 양식에 동양적인 요소를 혼합하였는데, 고대 그리스의 신전에 쓰인 일렬로 늘어선 원주(둥근 돌기둥) 양식에 페르시아 양식인 돔(둥근 지붕) 구조가 결합된 점을 들 수 있다. 이 결합은 심오한 고민의 결과였다. 비

하기야 소피아의 험난한 역사

현재 하기야 소피아의 내부는 비잔틴 양식의 요소와 이슬람 양식이 혼합되어 있다. 1453년 비잔틴 제국은 오스만 투르크의 침입으로 멸망한다. 오스만 투르크 제국은 하기야 소피아의 내부를 이슬람 양식으로 바꾸었다. 모자이크는 우상숭배 금지의 명목으로 지워지고, 벽에는 이슬람 양식의 캘리그래피(문자) 무늬나 아라베스크 무늬가 그려졌다. 이후 일부가 복원되기는 하였으나 현재도 두 문명의 흔적이 동시에 남아있다.

이스탄불의 하기야 소피아 성당

537년에 세워진 비잔틴 건축 양식의 걸작인 하기야 소피아 성당의 외관

하기야 소피아의 모자이크

하기야 소피아의 내부

잔틴 제국(동로마 제국)의 사람들도 처음에는 단순한 바실리카 양식이나 그로부터 발전한 로마네스크 양식의 교회를 지었다. 그러나 그 양식은 스러져가는 서로마 제국과 별반 다른 점이 없었고, 동로마 제국의 권위를 드높이지도 못했다. 그들은 독자적인 양식을 필요로 했다. 서로마 제국과는 다르고, 황제의 권위와 인자함을 나타내고, 동시에 신의 전지전능함을 표현하는 화려한 건축이 필요했다. 그 고민의 결과는 그리스의 신전 양식에 페르시아의 돔을 결합하는 것이었고, 그렇게 만들어진 건물은 놀라운 결과를 만들어냈다. 제국의 위용과 통치자의 부드러움을 동시에 표현하게 된 것이다. 겉면에는 별다른 장식이 없었다. 이미 원주와 돔의 결합만으로도 심심한 형식은 아니었던 것이다.

그러나 건물 외부에는 비교적 장식이 없는 것에 반해 내부의 공간은 상대적으로 화려했다. 벽의 아랫부분은 얇고 넓은 대리석을 붙여 고급스러운 느낌을 주었으며, 벽의 윗부분이나 돔 형태의 천장은 색유리 모자이크로 치장되었다. 모자이크의 형태는 성인이거나 성서의 한 장면을 그린 모습이었다. 여기에 모자이크의 배경은 주로 금색이었고, 이 금색은 인물상이나 그림을 더욱 더 돋보이게 하는 효과를 발휘했다. 그러나 벽면이나

잠깐만! 적은 비용으로 단기간에 다양한 건축을 보고 싶다면 터키를 여행하자.

터키는 고대 신석기, 페르시아, 고대 그리스, 고대 로마, 동로마 제국의 비잔틴 양식, 이슬람 양식 등의 건축 양식이 도처에 존재한다. 아시아와 유럽의 경계로서, 인류의 다양한 문명이 터키에서 꽃을 피우고 사라졌다.

11세기에 건설된 베니스의 산마르코 대성당

비잔틴 양식의 건축이지만, 한눈에 보기에도 하기야 소피아 보다 외관이 직선적이고 장식적임을 알 수 있다. 이는 비잔틴 양식의 원형에 서유럽적인 로마네스크 양식과 고딕 양식이 은연 중에 가미된 것으로 보인다. 두 성당이 건설된 시기의 시간적 차이는 500여 년이나 된다.

공간에 조각상은 배치하지 않았다. 이것은 공간을 넓게 보이려고 했던 의도였다. 또한 돔 형식의 천장은 무게를 벽면으로 분산시켜 줌으로써 내부에 기둥을 세울 필요가 없었다. 그런 이유로 비잔틴 교회에 들어가면 아기자기함보다는 장중한 느낌이 든다. 높은 곳에 난 창을 통하여 들어오는 빛은 모자이크를 반사시켜 신비로움을 더해준다.

　비잔틴 양식의 건축은 현재도 광범위하게 존재한다. 그리스 정교회를 믿는 나라의 성당이 대부분 그렇다. 그리스를 비롯하여 불가리아, 루마니아, 우크라이나, 러시아, 조지아, 에스토니아, 라트비아 등의 북유럽, 동유럽 국가들을 여행하면 도처에서 만날 수 있다.

비잔틴 양식의 대표적인 건축물

러시아 모스크바 크렘린 광장의 바실리 성당

그리스의 그리스 정교회 성당

로마네스크 건축

중세의 바실리카 양식은 8세기부터 변화를 겪기 시작했고, 11세기와 12세기에 이르러서 로마네스크 양식으로 발전했다. 이 시기에 이르러 로마네스크 양식의 성당은 이탈리아를 넘어 프랑스, 영국, 독일 등의 전 유럽에 지어졌고, 건축사에 있어서 최초로 범 유럽의 양식으로 확산되었다. 로마네스크 건축 양식은 파리의 노트르담 성당처럼 우리에게 아주 익숙한 13세기 고딕 양식이 나타나기 전까지의 과도기적 건축 양식을 말한다.

로마네스크 양식의 원형은 초기 기독교 시대의 바실리카 양식이었다. 바실리카는 여러 사람이 예배를 보는 대형 강당의 구조였다. 수백 명의 신도가 들어갈 수는 있었으나, 바실리카의 지붕은 목조 위에 기와를 얹는 구조였다. 텅 빈 큰 공간 위에 석재 지붕을 만든다면 무게를 지탱하지 못하기 때문이었다. 그런 이유로 바실리카 교회는 화재가 발생하면 불타버리곤 하였다. 그 문제점을 해결하여 석재로 지붕을 만드는 방법이 고안되었다. 그들은 하나의 삼각형의 모양으로는 석재 지붕을 지탱하는 것이 힘들다는 사실을 파악하고, 둥글거나 살짝 타원형인 아치 모양의 지붕을 중앙에 만들고, 그 옆에 바실리카 형태의 삼각지붕을 얹고, 그 두 지붕을 십자가형의 틀로 받친 다음, 쇠로 만든 볼트로 연결하는 방법을 고안했다. 이런 실용적인 필요성 때문에 고안된 로마네스크 양식은 단조롭고 묵직한 느낌이었다. 창문도 많지 않았으며 창의 크기도 작았다. 벽체에 창이 많으면 지붕의 무게

로마네스크 양식의 대표적인 건축물

독일의 보름스 대성당 프랑스의 앙굴렘 성당

로마네스크 양식의 전형성을 지닌 이탈리아 피사의 대성당, 이 성당 옆에는 그 유명한 피사의
탑이 있다.

를 지탱하기가 힘들기 때문이었다. 또한 교회의 첨탑도 그리 높게 올리지 못했다. 전반적으로 위로 치솟는 수직적 아름다움보다는 수평적인 안정감을 중시했다. 예배를 위한 대형 공간의 문제는 해결했지만, 돌 지붕의 무게를 지탱하면서 하늘로 치솟는 아름다운 외관을 지닌 건물을 짓는 것은 어려운 일이었다. 그러나 로마네스크 양식이 지닌 단조롭고 엄격한 느낌은 중세의 종교관에는 잘 어울렸다. 신을 경배하는 정결한 장소로서는 안성맞춤이었던 것이다.

고딕 건축

고딕 건축은 13세기 초 프랑스에서 발생하여 르네상스 건축이 발생된 15세기까지 프랑스, 독일, 영국 등 중북부 유럽에서 전개된 중세의 건축 양식으로 초기 기독교 양식, 바실리카 양식, 로마네스크 양식을 거쳐 완성된 중세 교회의 건축 양식을 말한다. 고딕 양식은 인류역사상 종교 건축의 최고의 절정기를 이룩했다. 이 위대한 고딕 양식은 어떤 필요에 의해서 생겨났을까. 고딕은 황제의 권력보다 교황청의 권력이 월등히 커지면서 나타난 기독교의 대표적인 건축 양식이다. 로마 제국이 기독교를 수용하고 국교로 정한 것은 종교를 활용하여 민중의 통치를 수월하게 하기 위함이었다. 그러나 시간이 흐르면서 점점 교황청의 권력은 황제의 권력을 추월하게 되었고, 동서로마 제국으로 분할되면서 교황의 힘은 황제에 비해 완전한 우위를 점하게 되었다. 이런 현상은 서로마 제국의 영토인 서유럽에서 강했다. 동로마 제국은 반대로 황제가 교황의 권위를 활용하여 제국을 통치하고 있었다. 결국 서로마 제국은 여러 왕조로 분열되었고, 그 왕조마저도 나라를 온전히 통치하지 못하고 지방의 영주가 지배하는 곳이 되고 말았다. 이제 교황청만이 넓은 땅을 다스릴 수 있었다. 따라서 교회 건축은 이제까지의 경건함이나 엄숙함뿐만이 아니라 교회의 위대함을 표현해야만 했다. 그러기 위해서는 일단 하늘로 치솟듯이 높게 올려야 했다. 고대 메소포타미아나 페르시아, 로마의 문명에도 높은 건축이 있었지만 그것은 기념탑이나 기념비 같은 것이었다. 교회는 사람이 들어갈 수 있는 넓은 내부를 가지면서 웅장하고 높은 외관을 지녀야만 했다. 절실하게 필요하면 방법을 찾을 수 있듯이, 이를 가능하게 하는 건축기술이 발명되고, 아름답게 꾸미는 미학이 비약적으로 발전했다.

• 그럼 고딕 양식의 특징은 무엇인가.

로마네스크 양식이 수평적인 안정감을 우선시했다면, 고딕 건축은 수직성의 높이를 추구했다. 건물의 수직성을 가능하게 하는 여러 가지 방법이 적용되었다. 로마네스크 양식에 비해 창문도 넓고 높게 내는 방식이 고안되었다. 약해진 벽을 지탱하는 색다른 방법이 발명되었다. 이제 크고 작은 여러 개의 첨탑은 하늘을 찌를 듯이 치솟았고, 그 위에는 뾰족한 총알 모양의 지붕이 만들어졌다. 가늘고 날카로운 지붕은 무게를 완화시켜 높이 올라갈 수 있었다. 외관은 조각과 부조,

고딕 건축의 특징, 리브볼트

리브 볼트 기법이 사용된 고딕 양식 건축물의 지붕

리브 볼트 기법이 사용된 고딕 양식 지붕의 내부와 구조도

장식품으로 치장되었다. 넓고 높은 창문에는 성경과 성인의 삶에서 발췌한 일화들을 보여주는 스테인드글라스(색유리를 잘라 붙인 그림)를 장식했다. 안으로 들어가면 어두운 공간에 높디높은 첨탑의 꼭대기에서 들어오는 한줄기 빛이 신에 대한 경외감을 불러일으킨다. 스테인드글라스의 은은한 빛은 성인에 대한 존경심을 자아낸다. 이러한 기술의 발전은 각 나라, 성당의 경쟁을 부채질했다. 이 시기의 건축은 최고가 되기 위해 가능한 한 높게, 화사하게 짓는 지역 간의 경연대회와도 같은 것이 되었다.

• 고딕 양식을 가능하게 만든 세 개의 건축 기술

① 리브(rib)볼트 : 리브볼트의 리브(rib)는 갈비뼈를 일컫는다. 쉽게 말하여 둥근 천장에 갈비뼈 모양의 강철 볼트를 장착하면 무게는 볼트를 통하여 분산되는 원리를 이용한 것이다. 이 방법으로 첨탑의 외관은 더 높아지고 내부는 화려한 모습을 띠게 된다. 처음에는 4개나 6개의 뼈대를 사용하였으나 후기로 갈수록 리브볼트는 더 가늘어지고 필요 이상으로 수가 많아졌다. 더 나아가 리브에 장식을 가미하여 복잡한 모양을 띠게 되었다. 좋은 것도 과하면 부정적인 결과를 낳는 이치와 같았다.

② 첨두아치: 첨두아치는 둥근 형태이기는 하지만 뾰족하게 둥근 아치를 말한다. 일반적으로 반원형의 아치는 그 지름에 따라 떠받치

인류의 문화는 돌고 돈다! 오리지널은 없다.

고딕 건축의 특징이라고 할 수 있는 첨두아치는 이보다 몇 천 년 전, 메소포타미아 지역이나 페르시아, 이집트 건축에서 사용되었던 양식이다. 단지 그들은 교회당 같은 넓은 건물을 짓지 않고, 기념비 등의 건축이나 위용을 드러내기 위해 궁전과 신전의 사방에 탑으로 세웠을 뿐이다. 로마네스크의 첨탑은 이것을 모방한 초기의 형태였고, 고딕 시대의 기독교인들은 이 구조로 교회를 완성하고 생활의 장식적 요소로까지 사용하였다.

좌측에서부터 메소포타미아와 페르시아의 첨탑, 그리고 고딕 양식의 첨탑이다.

는 무게가 계산되어 높이가 정해질 수밖에 없다. 무작정 크게 만들면 지붕이 와해된다. 뾰족한 첨두아치의 경우는 높이를 자유로이 조절할 수 있었다. 누르는 힘이 곧바로 바닥으로 향하지 않고 아치의 벽으로 비스듬히 전달되기 때문이다. 이 첨두아치는 첨탑의 천장뿐만 아니라 창틀에도 적용되어 윗부분이 길고 높은 창문이 가능했으며, 출입구 등의 처마, 교회 밖의 회랑(긴 복도)을 지탱하는 아케이드 형태에도 사용되었다. 쉽게 말하여 둥글긴 하지만 폭이 좁고 뾰족하여 무게가 분산되는 모양이다. 나아가 장식적으로도 쓰여 가구의 문양에서 일반 생활물품의 장식에 이르기까지 사용의 범위가 확장되기에 이른다. 가히 길고 뾰족한 형식이 이 시대의 문화를 지배했던 것이다. 이렇게 건축의 구조와 생활의 장식 모두에서 유행이었던 첨두아치는 하늘로 높이 솟아오르는 중세의 사상을 가장 잘 표현하고 있다.

③ 플라잉 버트레스(flying buttress): 플라잉 버트레스는 버팀 도리, 버팀 벽, 공중 부벽이라는 뜻이다. 쉽게 말하면 집의 담장이 무너지지 않도록 비스듬히 덧댄 지지물이라고 생각하면 된다. 리브볼트와 첨두아치를 사용하여 교회는 교황의 염원대로 높아질 수 있었다. 수직적 압력은 어느 정도 해결되었다. 이제는 반대로 수평으로 퍼지는 압력

플라잉 버트레스로 연결된 고딕 건축의 대명사 노트르담 대성당의 동쪽 외부와 플라잉 버트레스 모형

이 문제였다. 수평으로 퍼지는 힘이 건물의 외벽을 와해의 위험에 빠뜨릴 수 있었다. 그렇다고 무작정 외벽을 두껍게만 만들면 고딕 건축의 날렵한 모습은 둔탁한 모형이 되었다. 이를 현명하게 해결한 방법이 플라잉 버트레스이다. 외벽에 가해지는 수평적 압력을 버팀대를 사용하여 또 하나의 보조 벽으로 비스듬하게 이동시키는 방법이다. 따라서 내부의 기둥은 수직 하중만을 지지함으로써 성당 내부도 구조적으로도 간결해졌다. 이것은 무게를 분산시키는 기능적인 면만을 고려한 것이 아니었다. 장식적인 면에서도 아름다운 모형을 취하여 고딕 건축의 특징을 살리는 것이 되었다. 이로써 고딕 양식은 내외부적으로 모두 높고 화려한 결실을 보게 되었다.

서울에 유럽 중세 건축 양식이 있다고?

유럽까지 갈 필요 없다. 서울의 한복판에도 중세 유럽의 대표적 건축 양식인 로마네스크 양식과 고딕 양식이 있다. 바로 정동의 성공회 성당과 명동 성당이 그 표본이다.

성공회 성당과 명동 성당의 외관

한눈에 보아도 양식의 차이가 보인다. 성공회 성당은 로마네스크 양식의 간결함과 낮은 첨탑, 작은 창문을 볼 수 있다. 반대로 명동 성당은 고딕 양식의 높은 첨탑과 화려한 외관, 넓고 높은 창을 볼 수 있다. 노트르담 성당처럼 대규모가 아닌 까닭에 플라잉 버트레스 같은 공중 지지대는 없다.

성공회 성당과 명동 성당의 입구

성공회 성당의 입구는 단순하게 구멍이 뚫린 반원형 아치형이다. 반면 명동 성당의 입구는 첨두아치로 뾰족하고, 입구로서의 기능성뿐만이 아니라 장식으로 치장되어 있다.

성공회 성당과 명동 성당의 내부

성공회 성당의 내부에서 가장 눈에 띄는 것은 목조로 만든 천장이다. 강당 형식의 바실리카를 모방했기 때문에 아치형의 모습은 아직 나타나지 않고 평면적이다. 내부의 분위기도 간결하고 단정하다. 여러 사람이 모여 예배를 보는 목적에 충실한 구조이다.

반면, 명동 성당의 내부는 화려하다. 천장은 리브볼트를 사용한 아치형으로 높으며, 벽체는 오밀조밀하게 장식되어 있다.

성공회 성당과 명동 성당의 창문

먼저 크기에 있어서 차이가 난다. 로마네스크 양식의 건축은 무게를 지탱하는 기술이 발전하지 않았기 때문에 외벽에 창문을 크게 낼 수 없었다. 작은 창으로 들어오는 빛의 양은 적고, 그 때문에 내부의 분위기는 경건하다. 스테인드글라스는 로마네스크의 고유한 양식은 아니지만, 성공회 성당이 1900년 대 초에 건설될 때 일부 고딕 양식을 차용한 것으로 보인다. 명동 성당의 창은 넓고 높다. 화려한 스테인드글라스가 장식되어 있다. 그러나 고딕 양식의 명동 성당이 로마네스크 양식의 성공회 성당보다 우월한 건축이라는 말은 아니다. 순수하게 믿음의 관점에서 본다면, 오직 원래의 목적에 충실한 로마네스크 양식이 종교 본래의 정신에 부합할 수도 있다. 각각은 자기의 의미를 갖는다.

2. 아시아의 중세 건축

❦

– 불교, 힌두교의 찬란한 건축 문화를 꽃피우다. –

중세는 찬란한 그리스 로마 문명과 르네상스 시대에 끼인 문화의 암흑기를 표현하는 유럽식 명칭이다. 이렇게 유럽에서 붙인 시대 구분이기 때문에 아시아나 다른 대륙의 건축을 설명할 수 없다. 전 지구의 시간을 구분하기에는 유럽의 면적이 너무 좁다. 아시아는 고대 문명의 뒤를 이어 불교, 힌두교와 같은 종교가 발흥했고, 아시아의 종교는 국가마저 영향력 아래에 둔 중세 유럽의 기독교와는 다르게 왕권과 병행적으로 문화를 이끌었다. 국가는 통치의 구심점을 유지하기 위하여 종교를 받아들였고, 불교, 힌두교는 왕권의 도움을 받으면서 민중의 생활에 깊게 뿌리내렸다. 아울러 그 건축 양식은 유럽의 중세 양식인 초기 기독교, 바실리카, 로마네스크, 고딕처럼 오로지 하느님의 권위를 표현하기 위한 목적에 충실하지는 않았다. 아시아의 건축은 규칙만을 중요시 하여 딱딱하거나, 하느님의 전지전능함으로 과시하기 위하여 위압적이지 않았다. 아시아의 건축은 일정한 규칙을 따랐으나 자유분방한 에너지가 넘쳤다. 이러한 경향은 왕궁이나 사원의 경우 모두에게 나타났는데, 그 이유는 불교나 힌두교의 종교관이 중세의 기독교만큼 우울한 것이 아니었기 때문이었다. 유별나게도 본래의 기독교와는 다르게, 중세의 기독교는 현실의 부정, 삶의 허무함, 죄인, 회개, 죽음, 천국, 구원 등의 무서운 관념을 설파했던 것이다. 반면 힌두교나 불교는 삶에서 덕을 쌓는 것을 중요시했다. 덕을 쌓으려면 현실을 보다 긍정적으로 바라보아야만 했다. 그런 차이는 건축에도 그대로 반영되었다. 이 시기의 한국, 중국, 일본 등의 동아시아 건축은 밝고, 단정하고, 조화로우며, 인도나 캄보디아 등의 남아시아 건축은 따뜻한 기후에서 뿜어져 나오는 자유분방한 에너지가 넘쳤다.

캄보디아

앙코르와트(angkor wat)는 크메르(캄보디아의 옛 왕조) 건축의 최고의 걸작이다. 앙코르(angkor)는 산스크리트어의 도읍(수도)이라는 단어에서 유래했고 와트(wat)는 크메르어의 사원이라는 의미이다. 합치면 도읍의 사원이 된다. 12세기 초에 크메르 왕국의 수리야바르만 2세에 의해 창건되었다. 이후 크메르 제국의 정치 종교의 중심지로서의 역할을 하였다. 처음에는 힌두교 사원이었고 나중에는 불교 사원으로서도 사용되었다. 외관을 보면 전통적인 불교 사원이라기보다는 힌두교 사원임을 한눈에 알 수 있다. 앙코르와트는 거대한 산들처럼 생긴 탑들과 그를 둘러싸고 있는 회랑(긴 복도)으로 구성되어 있다. 이 회랑은 하나가 아니라 3개의 겹으로 이루어진다. 외벽의 길이는 3.6km, 해자(외적의 침입을 막기 위한 못)의 둘레는 5km에 달한다. 그러나 규모만이 앙코르와트의 위대함을 말해주는 것이 아니다. 지극히 정교한 설계와 예술적인 건축으로도 백미이며, 아름답고 세밀한 조각과 벽화, 벽에 새겨진 부조는 보는 이로 하여금 탄성을 자아낸다.

• 앙코르와트 양식의 특징은 무엇인가

앙코르와트 양식은 건설과 함께 바로 크메르 건축의 대표적인 양식이 되었다. 이 거대한 사원은 벽돌이 아니라 사암(고운 모래 가루가 압축된 암석)으로 지어졌다. 그리고 사암 사이에는 다른 성질의 재료나 목재가 쓰였고, 이 재료를 사암과 고정시키는 접착제를 사용하였는데 접착제의 성분은 아직 밝혀내지 못했다. 아마도 당시의 천연 접착제가 쓰인 것으로 보인다. 사암으로 건축된 덕분에 밀림 속에 방치되었지만 현재까지도 남아있을 수 있었다. 들쭉날쭉 자유분방해 보이는 첫인상과는 달리, 앙코르와트는 완벽한 조화를 만들기 위해 치밀하게 구성되어 있다. 전체적인 균형감각, 각 탑의 높이, 구성 부분의 비율이 고전적인 조화를 이루어낸다. 이런 무질서 속의 질서, 이 역설적인 조화가 더욱 더 불가사의한 느낌을 준다. 연꽃 봉우리처럼 끝이 뾰족한 탑, 사원을 둘러싼 회랑, 중심부에서 십자 형태로 퍼진 회랑, 이 모든 것을 감싸는 해자의 구성을 하늘에서 내려다보면, 이미 설계가 기하

앙코르와트의 외관, 내부

앙코르와트의 조각, 부조

학적으로 완벽했음을 보여준다. 빽빽이 장식된 조각과 부조, 벽화는 주로 힌두교의 신들이자 영웅들, 무희들이었다. 그러나 현재의 앙코르와트는 당시의 화려한 모습을 온전히 볼 수 없다. 대부분의 조각들은 발견될 당시 유럽 탐험가에 의해 유럽으로 보내졌고, 심지어 부조나 벽화도 통째로 뜯겨 유럽의 수집가들에게 보내진 후 지금은 박물관에 진열되어 있기 때문이다. 900년 이상이 지났지만 여전히 세계에서 제일 위대한 건축이라는 명성을 유지하고 있다.

인도

인도는 하나의 나라이기 보다는 큰 대륙이라고 보는 것이 옳다. 14억 명의 인구가 살고 있으며, 토착 원주민부터 유럽에서 내려온 아리아인족까지, 북쪽으로부터 인도를 정복한 무슬림 민족까지 서로 혼혈되어 다양한 사람들이 살고 있다. 이런 이유로 불교, 힌두교, 이슬람교, 기독교 등의 종교가 혼재한다. 물론 대다수인 인구의 80%는 힌두교를 믿지만, 나머지 3억 명의 인구가 불교나 이슬람교, 기독교를 믿는다고 계산해도 적지 않은 규모이다. 유럽의 인구는 4억이며, 미국의 인구는 3.5억 명이다. 중세(유럽의 역사 구분을 따르자면)의 인도는 여러 종교와 그것을 믿는 대제국이 교차하면서 다양하고 찬란한 건축 문화를 꽃 피웠다. 이 시기에 가장 먼저 꽃을 피운 건축은 불교 건축이며, 자연과 조화를 이루는 석굴 건축이 인도 전역에 1000여개 존재했다.

• 인도의 불교 건축 양식의 특징은 무엇인가

불교는 기독교와 달리 대규모 예배보다는 고독한 수행을 으뜸으로 치는 종교였다. 이 정신에 따라 비와 더위를 피하여 장기간 거처하며 기도에 정진할 수 있는 석굴 건축이 유행하였다. 이 실용적인 측면과 더불어, 석굴이 갖는 어머니의 자궁과 같은 이미지는 자신의 근원을 찾아가는 종교적 상상력을 자극하기에 충분했다. 처음에는 자연의 동굴을 사용하였으나, 점점 큰 바위 산에 석굴을 건축하기에 이르렀다. 내부는 어마어마하게 넓고 화려했다. 내부의 양식은 현대의 불교사찰

아잔타 석굴사원의 외관, 내부

과는 판이하게 달랐다. 초창기의 인도 불교 건축은 인도의 인더스 문명의 도시 건축과 왕궁 건축 양식, 로마 제국 당시 인도까지 들어온 유럽의 신전건축 양식, 힌두교의 현란한 조각과 부조 등의 영향을 받았고, 그것이 용광로처럼 혼합되면서 인도 고유의 토착적인 양식을 이루었다. 벽면의 장식은 힌두교 사원이었던 앙코르와트의 장식과도 유사하고, 원형의 기둥은 유럽의 그리스 양식으로 보이기도 한다. 그러나 건축을 공부하면서 주의해야 할 점은, 그것이 정확히 그리스 양식에서 유래한 것이라고 단정하는 것은 위험하다. 고대 인더스 문명의 모헨조다로 도시 유적에서 유래한 것일 수도 있기 때문이다. 그들은 바위산의 내부 외부를 정교하게 파고 조각할 수 있었는데, 그 이유는 화강암으로 이루어진 단단한 산이 아니라, 현무암으로 이루어진 바위산이 인도에 많았기 때문이다.

• 인도 힌두 건축 양식의 특징은 무엇인가

대략 700년 무렵부터 힌두 건축이 발달함으로써, 석굴 건축은 지상으로 나오게 되었다. 힌두 건축은 인도에 산재한 현무암을 이용하여 건설되었는데, 현무암을 재단한 큰 덩어리 돌이나 작은 벽돌을 모르타르 없이 이어붙인 것이 특징이었다. 외관상으로 볼 때, 힌두 건축의 두드러진 특징은 사원의 본당 위로 솟은 첨탑이다. 이를 시카라(Shikara)라고 부르는데, 시카라는 산스크리트어로 산봉우리라는 뜻이다. 이 양식은 약 400년 후, 인도에서 멀리 떨어진 캄보디아의 앙코르와트에서도 나타난다. 이 봉우리의 높이는 70m나 되는 것도 있는데, 그리 높아 보이지 않는 이유는 산봉우리처럼 완만한 경사를 이루고 있기 때문에 생기는 착시라고 할 수 있다. 사원의 외부에는 복잡하고 현란한 조각을 설치하고 부조를 새겼는데, 이는 앙코르와트의 장식과도 유사하다.

대표적인 힌두교 사원인 브리하디스와라의 외관

브리하디스와라의 시카라(산봉우리 모양의 첨탑)

브리하디스와라의 조각과 부조

세상에 이보다 더 현란할 수는 없다.
2,500년 전에 지어진 남인도의 스리미나크쉬 사원

스리미나크쉬 사원의 외관, 내부

• 인도 이슬람 건축 양식의 특징은 무엇인가

인도에 이슬람 세력이 남하하여 영향을 미치기 시작한 것은 대략 8
세기 초이다. 이슬람교의 교리, 우상숭배의 금지로 인하여 건축물에 인물이나 신을 조각하고 부조하는 행위는 터부시되기 시작했다. 그로부터 수백 년이 흐르면서 무굴 제국이 인도전역을 지배하게 되었고, 이슬람 건축 양식은 인도를 대표하는 건축이 되었다. 큰 돔(둥근 지붕)을 중심으로 한 전체적인 통일성과 간결함, 균형미는 이슬람 건축의 특징이며, 지금도 인도의 관공서, 철도역이나 대학 등의 큰 건물은 변형되기는 하였으나 이슬람 양식의 흔적을 간직하고 있다. 역설적이게도, 인구의 80%가 힌두교를 믿는 나라이지만 힌두 건축 양식은 힌두교 사원에서나 볼 수 있다. 힌두 건축의 복잡하고 현란한 특징 때문에 기능성이 중시되는 일상생활을 위한 건축과 접목되기는 어려웠다. 이

타지마할의 외관

이슬람 건축의 흔적이 강하게 남아있는 인도의 호텔건물과 철도역

는 한국의 불교 건축 양식이 절에만 남아있는 이치와 같다.

인도 이슬람 건축의 백미는 12세기 무굴 제국의 황제 샤 자한이 죽은 아내 뭄타즈 마할의 넋을 위로하기 위해 지은 묘지인 타지마할이다. 타지마할은 최고급의 대리석을 외국으로부터 수입하여 건축했고 소요시간은 장장 22년이었다. 그러나 현대의 건축이론가들은 겨우 22년 동안에 이런 위대한 건물을 지었다는 사실에 경악하곤 한다. 단순히 방대한 규모만을 가지고 떠드는 것은 아니다. 이처럼 완벽한 비율과 좌우대칭의 균형미, 간결한 조형미, 주변 경관과의 완벽한 어우러짐, 빛의 상태에 따라 대리석의 색깔이 변하여 살아있는 인간처럼 감정을 표현하는 신비로움을 간직한 건축물은 지구상에 없다. 황제나 황후의 무덤이라고 하면 흔히 방대함, 장엄함, 화사함만을 떠올린다. 그러나 타지마할은 그런 요소가 전혀 없다. 오히려 정갈하고 담

백하다. 잡스런 기교는 존재하지 않으며 마치 건물의 외형만 만들고 인테리어를 중단한 것처럼 보인다. 바로 그 점이 타지마할의 아름다움의 비밀이라고 하니, 건축이란 정말 알다가도 모를 일이다. 어떤 사람에게는 실망 그 자체일 수도 있다. 그런 사람은 피라미드의 위용이나 노트르담 성당의 화려함을 사랑할 수도 있을 것이다.

중국

중국의 유구한 역사만큼이나 중국의 건축은 다채롭고 화려하다. 이미 살펴본 황하 문명의 도시의 유적으로부터 진시황릉의 위용은 고대 건축의 위대함을 보여주고도 남음이 있다. 중세의 중국 건축을 모두 살펴보는 것은 불가능하다. 중국 건축의 역사만으로도 유럽 건축의 역사를 대체할 수 있을 것이다. 여기서는 중국 역사상 가장 찬란한 문화를 꽃피웠던 당나라의 건축 양식만을 살펴본다. 당시의 당나라는 전 세계에서 가장 문명이 발달한 나라였다. 육로인 '비단길'(실크로드)과 해상로인 '바닷길'을 통하여 멀리 유럽, 아프리카와 교역을 하였고, 동아시아, 중앙아시아, 유럽에서도 당나라의 선진문물을 받아들이고자 유학생을 파견했다. 618년, 당나라는 수나라의 뒤를 이어 중국 대륙을 통일했고, 907년까지 존속했다. 수나라의 양제는 수많은 전쟁을 일으키며 백성을 죽음으로 내몰고 수탈했다. 고구려의 을지문덕 장군이 수양제의 10만 대군을 살수에서 물리친 살수대첩이라는 기록이 남아있다. 전쟁과 수탈은 백성의 원성을 샀고 곳곳에서 민중의 반란이 일어나 수나라의 멸망을 재촉했다. 당은 수나라 멸망을 교훈삼아 귀족과 평민 사이의 계급적 모순을 완화하고, 농업과 공업, 상업을 발전시키는 정책을 취했다. 이로써 백성의 삶은 윤택해졌다. 당 시대의 도읍지인 장안은 밤이 없을 정도로 휘황찬란했고, 전 세계에서 몰려드는 상인, 학자, 유학생들로 북적였다. 당시 한반도에는 통일 신라가 있었는데, 당나라에 유학을 가는 것이 귀족들의 최대의 소원이었고, 집안에 당나라 문인의 서예작품이나 시라도 한 편 거는 것을 더할 나위 없는 영광으로 여겼다. 돈이 넘치니 자연스럽게 좋은 집을 짓고 자랑하는 건축이 발전하였다.

• 중국 중세 건축 양식의 특징은 무엇인가

당 시대에는 경제의 부흥으로 국가의 토목공사나 왕궁뿐만이 아니라, 귀족의 대저택, 별장, 누각, 정자, 이 건물들을 자연과 조화롭게 만드는 정원 건축 등이 발전하였다. 생활에 꼭 필요한 주거지의 범위를 넘어서 생활을 즐기고 사치하는 요소들이 나타난 것이다. 또한 학문의 발전으로 학교 건축이 발달하였는데, 당 중기의 국학기관인 국자감의 학생 수가 무려 10,000명이었다고 하니 그 규모에 놀라지 않을 수 없다. 국자감에는 신라, 일본, 동남아, 인도, 중앙아시아, 유럽의 학생들이 모여들어 당의 신문물을 배웠다. 종교는 불교가 성행하였다. 장대하고 화려한 목조 사찰, 석굴 사원, 높이 솟아오른 전탑(벽돌 탑)

과 목조탑이 유행하였다. 건축자재로는 목재, 흙, 석재, 대나무, 황토로 구운 기와, 유리 등이 다양하게 쓰였으며, 다양한 재료를 조화롭게 구성하는 기교를 발휘했다.

그렇다면 이런 특징을 뛰어넘어, 유럽이나 인도의 건축과 확연히 구분되는 중국 건축의 가장 큰 특징은 무엇일까. 첫 번째는 목재의 자유분방한 사용이었다. 내구성의 문제로 목재는 건축 재료로서 그다지 환영받지 못했다. 중국인들은 주변에 널린 목재가 지닌 온화함과 따뜻한 느낌에 관심을 기울였고, 아기자기한 모양을 취했다. 또한 목재의 온화함은 돌이 주는 차가운 느낌보다 인간적임을 알아차렸다. 그들은 목재 건축을 오래 보존하는 방법을 발견했다. 단단한 나무를 구별하는 방법, 건조기법, 부식을 방지하는 기술 등을 발전시켜 1,000년 동안 스러지지 않는 건물을 만들 수 있었다. 단지 돌을 구하기가 힘들었기 때문은 아니었다. 둘째 중국 건축은 다른 나라의 그것처럼 장엄함을 추구하기는 했지만, 수직성보다는 수평성을 더 중요시했다. 그것은 아마도 신에 대한 생각의 차이에서 나온 듯하다. 기독교의 신이나, 이슬람의 신, 힌두교의 신이 절대적인 존재라면, 불교에는 신이 없다. 부처는 중생의 대표자이며, 누구나 부처가 될 수 있다는 것이 불교의 가르침이다. 아마 그런 이유로 수평성에 대한 강조가 생긴 것이 아닐까 한다. 어떤 중국의 건축물은 장대하고 근엄하지만, 그렇다고 공포심을 일으킬 만큼 위압적이지는 않다.

중국의 건축은 특히 일본, 한국, 베트남, 류큐국(오키나와 왕국) 등의 동아시아 및 동남 아시아에 영향을 끼쳤다. 그러나 그대로 베끼거나 답습한 것은 아니었다. 각 나라는 문화와 환경, 기후가 달랐다. 몇 세기동안 동아시아의 각 나라는 중국의 것을 받아들이되, 스스로의 토착적 미를 가미하여 독자적인 양식을 발전시켰다.

중세 중국의 건축 전문서적

이 시대의 중국에서는 세계의 중심이었던 나라답게 건축이론도 발전했다. 리 지에(1065 - 1100)는 1103년에 건축 전문서적인 《영조법식》를 출간했다. 그는 건축물의 종류(학교, 주택, 사원, 상점, 궁)와 그에 맞는 건설 자재를 세세히 분류하고(나무, 금속, 유리, 벽돌, 석재, 모르타르, 흙), 중심적 공간과 부수적 공간을 아름답고 기능적으로 배치하는 방법, 건물의 수직성과 수평성의 비율, 색과 문양의 상징을 알려주는 수많은 삽화와 설계도를 그렸다.

예를 들면, 황제를 위하여 지어진 건물에서만 사용할 수 있는 건축 양식의 요소가 있다. 그것은 노란색(황금색) 기와지붕이었다. 노란색(황금색)은 황제의 색으로 여겨졌다. 그래서 663년에 건축된 당 시대 장안성의 대명궁뿐만 아니라 15세기 청나라의 건축물인 자금성의 지붕은 황금색의 기와를 사용했다. 반면에 하늘에 제사를 지내는 천단은 하늘을 상징하기 위해 파란색 기와를 사용했다. 천단의 지붕은 막힌 벽이 아니라 오로지 기둥으로만 받쳐져 자연에 개방적인 건축이 되었다. 그리고 일반 건물의 나무 기둥과 벽의 표면은 붉은 색을 사용한다고 기술되어 있다. 붉은 색은 중국인이 가장 좋아하는 색이며, 국기인 오성홍기는 물론, 축구 국가대표 팀의 유니폼, 차이나타운의 상징인 성문까지 사용되지 않는 곳이 없다.

세계 최대의 궁전, 장안의 대명궁!

대명궁은 당나라의 수도 장안에 건립된 궁이다. 당 고종부터 당 희종까지 17명의 황제가 234년 동안 거주한 정궁이었으나 당나라 말기 전란으로 불에 타버렸다. 그 존재를 알 수 없었으나 20세기 중반에 이르러 대대적인 발굴 작업이 이루어졌다. 그 크기는 베이징에 있는 자금성의 4배, 프랑스의 베르사유 궁전의 3배, 루브르 궁전의 13배, 러시아의 크렘린 궁전의 12배, 영국의 버킹검 궁의 15배에 달한다. 사료를 통한 철저한 고증을 거쳐 복원 모형이 만들어졌고, 이 복원 모형을 통하여 건축의 특징을 파악할 수 있다. 전제를 복원하려면 200년 이상이 걸린다고 한다. 대명궁의 특징은 웅장하지만 동시에 간결하다. 직선, 곡선, 면만으로 구성되어 있으며 별다른 장식 없이도 위용을 뽐내는 매력을 지녔다. 동시에 광활한 땅의 넓이를 활용하여 드문드문 높지 않은 건물을 배치하여 수평성의 장대함을 뽐낸다.

대명궁 복원 모형

장안 대명궁 단봉문의 복원사진

장안 대명궁 함원전 기단과 복원 사진

중국에서 가장 오래된 목조 건축물은 무엇일까?

남선사의 대전은 730년 경, 중국 산시성 우타이셴에 세워졌으며, 현존하는 중국 최고의 목조 건축물로 알려져 있다. 이는 한국의 봉정사 극락전, 부석사 무량수전, 일본의 법륭사 본당과 더불어 동아시아 3국의 목조건축의 유사성과 독창성을 연구하는 귀중한 자료가 된다. 하단부의 석재, 건물 본체의 목재, 지붕의 기와 등으로 다양한 건축 재료가 필요한 곳에 사용되었고, 벽체는 《영조법식》에 기술된 바대로 중국인의 상징과도 같은 붉은 색으로 채색되었다. 전체적으로 아주 큰 건물임에도 단아한 자태를 간직하고 있다.

남선사 대전, 그리고 지붕의 기와와 처마의 이음새

얕은 지식, 그러나 무엇보다 확실한 지식!

한눈에 알 수 있는 한중일 삼국의 건축 양식의 차이는 무엇일까?
그것은 지붕 꼭대기와 처마 사이의 길이(세로 길이)다. 중국의 지붕 길이가 가장 짧고,
한국은 그 중간이며, 일본이 가장 길다. 또한 일본의 처마의 모양은 완벽한 직선이고,
한국은 완만한 곡선을 이루지만, 중국의 처마는 한국과 일본의 중간 형태에 가깝다.

중국의 목조 건축의 지붕　　한국의 목조 건축의 지붕　　일본의 목조건축의 지붕
(남선사 대전 무량수전)　　(부석사 무량수전)　　(법륭사 본당)

한국

서양의 중세 초기에, 한반도 남쪽에는 마한, 진한, 변한 등의 초기 고대 국가가 있었고, 북부에는 부여, 동예, 옥저 등의 초기 고대 국가가 있었다. 이 시기의 건축물은 남아있는 것이 거의 없다. 뒤를 이어 고구려, 백제, 신라, 가야가 있었고, 가야를 제외한 삼국은 완전한 고대 국가로 발전했다. 고대 국가란 왕권이 전 영토에 미치고, 나라의 법에 의해 체계적으로 국가가 통치되는 경우를 말한다. 이 시기의 건축은 무수히 많이 남아있다. 석재 건축은 1,500년 이상의 유구한 세월을 버티고 있고, 목조 건축인 사찰은 전쟁으로 소실되기는 했으나

중간 중간 복원되어 건축 당시의 원형을 그대로 유지하고 있다. 고구려의 장군총은 광개토대왕의 무덤으로 추정되고 석재를 피라미드 모양으로 쌓은 양식이며, 쌍영총은 흙으로 쌓은 외관과 석재로 만든 내부의 벽을 지닌 양식이다. 쌍영총의 벽화인 사신도에 그려진 인물로 보아 이미 중앙아시아나 페르시아 지역과 교류를 한 것으로 보인다. 그렇다면 이 벽화를 근거로 상상력을 발휘하여, 이집트나 메소포타미아 문명의 피라미드 석재 무덤 양식이 중앙아시아의 대초원을 거쳐 동아시아의 장군총에까지 영향을 미치지 않았다고는 볼 수 없다. 신라의 건축은 삼국 중 가장 많이 남아있다. 석굴암, 불국사, 첨성대 등이 그것이다. 백제의 유명한 건축물로는 석탑이 많이 남아있다. 정림사지 5층 석탑, 미륵사지 석탑 등이 있다. 흔히 삼국의 건축 양식의 특징을 이렇게 단순화 한다. 고구려는 웅대한 기상을 뽐내고, 백제는 단아하고 조화로우며, 신라는 장식적이고 화려하다. 중국 건축의 역사와 마찬가지로 한국 건축의 역사도 다채롭고 유구하다. 여기서는 고려 시대의 목조 건축을 중심으로 그 특징을 살펴보기로 한다. 중국건축의 양식에서 보았듯이, 목조 건축은 중국, 한국, 일본, 동아시아 3국 건축의 공통된 특징이었다.

• 한국 불교 건축의 특징을 가장 잘 표현하는 건물은 무엇인가?

'한국 불교 건축의 특징을 가장 잘 표현하는 건물은 무엇인가?'라는 물음에 대하여 많은 건축학자들은 영주 부석사 무량수전이라고 대답

한다. 부석사 무량수전은 안동 봉정사 극락전과 함께 중세 목조 건축을 대표한다. 삼국사기에 따르면 부석사 무량수전은 통일신라 문무왕 676년에 의상대사가 건립했다고 나와 있다. 그러나 신라 말, 고려 초, 불분명한 시기에 불에 타버렸다. 고려 전기에 재건했지만 고려 말의 혼란한 시기, 공민왕 때에 왜구의 침입으로 다시 불타는 운명을 맞이했다. 뒤를 이은 우왕은 부석사를 재건했다. 이렇듯 지금 우리가 보는 무량수전은 고려 말기에 재건된 것이다. 이런 복잡한 이유로 어떤 책에는 가장 오래된 목조건축을 무량수전이라고도 하고, 어떤 책에는 봉정사 극락전이라고 기술한다. 재건된 것을 원형으로 인정 하는가 아닌가에 따라 다르다. 아무튼 고려 말에 재건된 무량수전은 장장 800년을 버티고 있으니 목재의 생명력이 인간의 감탄을 자아낼 뿐이다.

• 무량수전의 독특한 아름다움의 정체는 무엇일까?

무량수전을 바라보면 과하지도 부족하지도 않은 균형과 조화를 느낀다. 장식 또한 많지도 않지만, 아주 없지도 않다. 건물의 외관에 달린 장식은 처마와 기둥이 맞닿은 부분에만 있는데, 이를 주심포양식이라고 한다. 이는 장식의 무게감과 부피감을 기둥을 통해 아래로 분산하는 효과를 얻는다. 이렇게 건물은 장식이 있지만 요란스럽지 않다. 이것 외에, 무량수전이 이렇게 균형 잡히고 조화롭게 보이는 이유는 아주 과학적인 몇 가지 건축 기법을 사용하고 있기 때문이다. 무량수전의 기둥은 중앙에서 모퉁이로 갈수록 안으로 조금씩 기울어져 있다.(눈치 채지 못할 정도로.) 이는 건물의 원심력을 중심을 향해 안으로 모아지도록 만드는데, 보는 이로 하여금 건물의 안정감을 느끼게 한다. 똑같은 수직 모양으로 세웠다면 인간의 눈은 건물이 밖으로 벌어져 보이는 불안감을 느낀다.(착시) 그리고 건물의 양끝 기둥을 중앙의 것보다 약간 높게 세웠다. 이 또한 멀리 보이는 것이 실제 모습

재미있는 사실, 인류는 비슷한 생각을 한다!

그러나 배흘림기둥은 그리스의 신전 양식에서도 쓰였다. 그럼 그리스 신전 양식을 가서 보고 고려인들이 받아들인 걸까? 그건 억지다. 건물을 튼튼하고 아름답게 보이기 위해 고민하면 누구나 비슷한 결론에 도달한다. 그러므로 건축의 역사에서 어느 양식의 모방이라거나 어느 양식에서 유래했다는 주장을 너무 자신만만하게 하면 곤란하다. 인간의 사고는 비슷비슷하지 않을까?

보다 작아 보이는 불안감을 없애 건물에 균형을 부여한다. 또한 각 기둥의 중간 부분, 정확히 아래에서 3분의 1 지점이 위와 아래보다 약간 굵다. 이 형식은 기둥을 안정적으로 보이게 만든다. 사람의 눈으로 멀리서 기둥을 바라보면 가운데가 움푹 들어간 것처럼 보이는 착시가 생긴다고 한다. 이 착시를 없애 균등하게 보이기 위한 방법이었다. 이를 배흘림기둥 양식 또는 배흘림 양식이라고 한다. 배흘림은 배가 완만하게 불룩하다는 뜻이다. 배흘림기둥은 고구려부터 조선 시대에 이르기까지 한국의 건축 양식에 쓰인 독특한 건축 방법이었다.

무량수전의 외관

무량수전의 배흘림기둥

무량수전 처마의 곡선

무량수전

무량수전의 주심포양식의 장식

일본

일본의 건축 역시, 중국과 한국의 건축 양식만큼이나 다채롭고 독특하다. 일본의 중세 건축은 전통적 신앙인 신도 건축과 외래 문명인 불교 건축으로 크게 구분된다. 8세기에서 12세기에 이르는 헤이안 시대는 목조 건축의 절정기를 꽃피웠다. 헤이안 시대는 지금의 교토를 도읍으로 한 시대를 말한다. 교토는 1,000년 전의 모습을 현대식 빌딩과 함께 간직하고 있는 세계적으로 유서가 깊은 도시이다. 일본 건축은 중국 건축의 수평적 미보다는 수직적 미를 강조하는 경향이 있다. 아마도 두 나라의 자연환경의 차이에서 비롯된 특징이 아닐까 한다. 광활한 대지를 건축의 일부분인 빈 공간으로 활용할 수 있는 중국과 산과 협곡으로 둘러싸인 일본의 차이일 것이다. 당나라 시대의 대명궁 복원 사진과 일본의 성, 사찰을 비교하면 바로 이해가 된다. 둘 사이에는 분위기적인 유사성과 각자의 차별성이 동시에 나타난다. 그러나 일본 건축은 지붕과 벽체의 비율, 내부 공간의 배치에서 그들만의 독자성을 보유한다.

• 일본 중세 건축 양식의 특징은 무엇인가.

일본은 한국이나 중국보다 숲이 풍부했다. 숲에서 벌채할 수 있는 목재가 풍부한 관계로 건축의 대부분이 목조로 구성되었다. 한국과 중국의 중세 건축이 목조의 골격을 유지하면서도 흙이나 석재를 요소요소에 썼던 것과는 다른 양식이었다. 이는 더운 기후에 적응하는 방법이었다. 얇고 통풍이 잘되는 목조는 더운 여름을 견딜 수 있게 해주었다. 또한 일본인들은 항상 지진에 의한 파괴를 염두하고 건물을 지었다. 목조 건물은 쉽게 분해와 조립이 가능했다. 스러져 내리면 기본 골조를 그대로 사용하고 부서진 재료만을 재조립하면 되는 것이었다. 완전한 목조 건축이라는 특징과 더불어 또 하나의 일본 건축의 특징은, 중국이나 한국의 지붕과는 비교가 되지 않을 정도로 크고 우아한 지붕을 들 수 있다. 건물 높이의 절반을 뒤덮는 지붕은 폭우가 빈번한 일본의 기후에 적응하기 위함이었다. 가능한 벽체를 깊이 보호하고 빗물을 빠르게 낙하시키기 위해 절벽처럼 가파르게 지붕을 구성했다. 또한 일본의 건축은 주변 경관과의 조화를 중요시 했다. 단일 건물의 특출함보다 여러 개의 건물이 숲 안에 산재하고, 그 건물들과 숲, 마당, 연못 등이 작은 공원처럼 조화를 이루었다. 이런 양식은 한국과 중국의 건축 양식에도 공통적으로 적용된다. 다만 한국식 정원, 중국식 정원, 일본식 정원의 독특한 특징들이 존재한다.

일본의 대표적 중세 건축, 건축보다 소설로 유명한 금각사

헤이안 시대의 대표적인 사찰로서 교토에 있다. 1950년 정신질환자의 방화로 소실되었다가 재건축 되었는데, 3층의 누각 중 2층과 3층에 금박을 과하게 입혀서 본래의 고즈넉한 자태가 사라졌다는 비판의 목소리가 있다. 미시마 유키오의 소설 《금각사》는 실제의 금각사 방화범을 모티브로 쓰여진 탐미주의 소설이다. 그는 일본 제국주의의 부활을 외치며 할복자살했고, 지금도 일본 우익의 정신적 지주 중의 한 명이다.

금각사 원래 전경

불에 타 뼈대만 남은 금각사

복원된 금각사

한국에 일본 절이 있다고?

한국에서 볼 수 있는 전형적인 일본
의 불교 건축물로는 일제 침략의
시기에 군산에 건립된 동국사가
있다. 원래 이름은 일본식 이름인
금강선사였으나 한국식 이름인
동국사로 개칭했으며 현재는 조계종
산하에 있다. 높고 직선에 가까운
지붕의 형태는 일본 어디에서나 흔히
볼 수 있는 불교 건축 양식의 전형성을
보여준다.

제 4 장
르네상스 시대

1,300년 ~ 1,500년
- 다시 그리스의 인간중심주의로 돌아가자 -

: 개요

르네상스(renaissance)란 접두사 다시re, 명사 출생naissance이 합성된 단어로 '다시 태어남'을 뜻하는 프랑스어이다. 여기서 다시 태어난다는 말은 중세의 어둠을 헤치고 그리스의 인간중심주의로의 회귀를 뜻한다. 앞에서 살펴보았듯이, 중세는 유럽 문명의 암흑기라 일컫는다. (그러나 주의해야 할 점은, 이 또한 모든 이들이 동의하는 말은 아니다. 독실한, 오직 하느님만을 믿는 사람에게 중세는 가장 아름다운 시간이었다. 모든 것이 종교에 복종했기 때문이다.) 초기 기독교 양식, 바실리카 양식, 로마네스크 양식, 고딕 양식으로 발전해왔던 중세의 건축 양식은 어둡고 권위적인 외관과 동굴 속에 들어가는 듯한 내부의 분위기를 전환하는 획기적인 변화를 겪게 된다.

이 변화는 시민사회의 급격한 성장과 관련이 있었다. 시민사회란 교회, 영주, 농노로 엄격히 구분된 봉건제가 쇠퇴하고, 상공업의 발달로 부를 축적한 사람들이 다수 출현한 사회를 말한다. 이 시민 계급은 인류사회에 처음으로 나타난 계급이었다. 그들은 종교에 광적으로 집착하지 않았으며, 사상적으로 자유주의적이었고, 인간은 평등하다는 민주주의 사상의 맹아를 싹틔웠다. 르네상스 사상은 14세기 말과 15세기 초를 전후하여 이탈리아에서 가장 먼저 출현하였고, 15, 16세기 전 유럽에서 유행하는 사조가 되었다. 이탈리아 중에서도 베네치아, 피렌체 등의 도시국가가 중심이 되었는데, 그 이유는 베네치아, 피렌체가 갖는 지정학적인 위치 때문이었다. 베네치아는 비잔틴 제국, 인도, 중동, 중국, 중앙아시아 등의 물자가 유럽으로 들어오는 중심 항구였다. 당연히 선진 외국문물을 쉽게 접할 수 있었고, 상업으로 도시는 부유해졌다. 자연스럽게 부를 축적한 상인 계급이 영주보다 우월한 위치를 차지하게 되었다. 그들은 막강한 자금력을 바탕으로 재능 있는 당대의 예술가들을 후원했고, 그들이 원하는 예술작품을 창작하도록 고무했다. 당연히 그들이 원하는 예술작품은 기독교적이었지만 어둡지 않고 밝았으며, 인간적이고 삶의 아름다움을 노래하는 것이었다. 그리고 그 기원은 그리스 문명에 있었다. 르네상스 시대의 3대 거장이라고 일컫는 라파엘로, 레오나르도 다빈치, 미켈란젤로 등이 이런 사회 상황 속에서 탄생한 예술가들이었다.

따라서 르네상스 시대의 건축은 교회 건물에만 집중되었던 중세와는 달리 인간생활에 직접 관계가 있는 주택, 시청사, 여타의 관공서, 부호의 대저택 등과 같이 다양한 주제로 부활되었다. 그들은 중세의 지나친 신 중심적 경향, 신에게 열광하는 일방적 경향에 염증을 느끼고, 그리스와 로마 시대의 고전주의 건축에 관심을 기울였다. 그리스의 균형미와 조화, 로마의 생활의 실용성 등이 그들이 관심을 기울인 영역이었다. 르네상스 회화와 조각은 베네치아에서 태동했지만, 르네상스 건축이 처음 태동한 곳은 14세기 말의 이탈리아 피렌체였다. 당시의 피렌체는 독자적인 도시 공국이었다. 피렌체의 영주보다 더 영향력이 강했던 부자 가문 메디치는 자신들의 저택 건축에 르네상스 양식을 가장 먼저 도입했다. 그들은 이전의 투박하고 권력을 자랑하는 봉건영주의 성과는 다르게, 온화하고 품격 있는 건물을 짓기를 원했다.

당돌한 의문! 그러면 르네상스를 인간중심주의로의 복귀라고 말하는데 왜 르네상스의 예술은 여전히 기독교적인가?

르네상스 시대에도 역시 교회 건축이 가장 번성하였다. 라파엘로, 레오나르도 다빈치, 미켈란젤로는 아름다운 성화를 그렸다. 여기서 말하는 인간중심주의란 인간만을 그리거나 인간을 위한 주택의 건축만을 말하는 것이 아니다. 이를 단순히 고대 그리스 문명의 기계적인 부활로 해석하면 곤란하다. 회화든, 건축이든, 조각이든, 신의 얼굴 속에서 인간성의 발견을 중요시하고, 인간을 하등한 존재로 만들지 않는다는 것이다. 즉 망각되었던 인간성을 회복한다는 의미이다.

르네상스 건축 양식의 특징은 무엇인가.

그렇다면 르네상스 양식은 고대 그리스 로마 양식과 외형적으로 비슷하거나 같았던 것일까? 그렇지 않다. 고대 그리스 로마 양식과의 공통점이 외형에 있기 보다는 건축의 정신에 있었다. 그 정신이란 다름 아닌 인간적이라는 느낌을 말한다. 르네상스 양식은 그 자신만의 튀는 구조적 특징을 고집하지는 않았다. 바로 이전의 고딕 양식처럼 위압적인 높은 건물, 하늘을 찢고 하느님에게 닿을 듯한 뾰족한 첨탑, 신에게 바치는 화려한 장식 등의 유난스러움이 없었다. 그렇다고 그리스 양식을 모방하지도 않았다. 그럼 그들은 어떤 양식을 추구했을까? 르네상스 양식은 건축가의 의도에 따라 미적 조화를 이루는 데에

왕보다 막강했던 메디치 가문의 저택, 르네상스 건축 양식의 서막을 알리다. 이 양식의 정신은 현대에까지 이어져 품격과 조화의 교과서가 된다.

당시 피렌체 도시국가를 실제로 통치한 것은 왕이 아니라 부를 축적한 가문 메디치였다. 그들은 돈으로 용병 군대를 창설할 수 있을 정도로 세력이 막강했다. 예술가, 건축가들이 그에게서 주문을 받기 위해 줄을 섰고, 아예 예술가들에게 월급을 주고 메디치 가문을 위한 건축과 예술 활동을 하도록 했다. 이 시대의 이탈리아는 부자 가문이 통치했는데, 로미오와 줄리엣의 이야기도 막강한 두 가문 사이에서 벌어지는 사랑의 비극을 다루고 있다.

베키오 궁전

메디치 리카르디 궁전

온 힘을 기울였다. 그 목적을 위해서라면 고대의 그리스 로마 양식뿐만 아니라 중세의 건축인 로마네스크 양식의 소박함에도 눈길을 돌렸다. 나아가 지중해 바다를 건너온 동방의 양식인 페르시아, 비잔틴 양식의 돔에도 관심을 기울였다. 한마디로 르네상스 양식은 열린 구조였다.

중세의 바실리카 양식은 대형 강당 구조로, 평면적인 목조 천장을 기둥이 떠받치는 형식이었다. 그들은 석재를 사용하여 천장을 높고 화려하게 만들 수 없었는데, 그 이유는 천장의 무게를 견디는 방법을 알지 못했기 때문이었다. 이후 비잔틴 양식은 반원형의 둥근 돔 형식의 천장을 만들었고, 고딕 양식은 뾰족한 돔을 만들기에 이르렀다. 나아가 갈비뼈 모양의 리브볼트 기법을 사용하여 지붕의 무게를 벽체로 분산하는 방법을 발견한 이후, 교회는 한없이 높고 찬란한 외관을 지닐 수 있었다. 르네상스 시대의 초기에는 리브볼트 형식을 사용하였다. 그러나 르네상스 시대의 사람들은 천장에도 아름다운 그림을 치장하기를 원했고, 작은 면으로 분할된 리브볼트 형식의 천장은 그것이 불가능했다. 그럼 무엇을 선택할 것인가? 높은 지붕을 가능하게 하는 리브볼트를 선택할 것인가, 아름다운 성화를 그리는 평면을 선택할 것인가. 르네상스 시대의 사명은 높고 위압적인 것이 아니었다. 그리하여 이 양식의 전성기에 이르면 천장은 반대로 낮아졌다. 바야흐로 아름다움을 위하여 높이를 포기하는 시대가 열렸다. 높이 올리지 못한 것이 아니라 굳이 높이 올릴 필요를 느끼지 못했다. 고딕(gothic)양식이라는 말도 이탈리아 사람들이 비하의 의미로 붙인 말이었다. 고딕은 서로마 제국을 멸망시킨 게르만족 일파인 고트 족를 가리키는 말로 그들이 만든 교회 건축물이 괴상하다, 귀신같다는 뜻으로 회자되면서 붙은 이름이었다. 결국 리브볼트 형식의 천장은 사라지기 시작했다. 천장은 단순한 돔 형태를 이루었고, 그 주변을 평면의 천장으로 장식했으며 거기에 아름다운 그림을 그렸다. 후기에 이르면 아예 그림 액자와 같은 효과를 주기 위해 틀을 구성하여 천장을 나누기에 이르렀다. 이제 천장에 그려진 프레스코(벽화)는 실제 그림 액자를 건 효과를 발휘하게 되었다.

돔의 구조에도 새로운 양식이 나타났다. 르네상스의 돔은 비잔틴 양식을 차용했는데, 비잔틴 양식 돔의 아랫부분에 둥근 띠 벽을 만들고(드럼의 띠 부분처럼 생겼다 하여 드럼이라 부른다.) 여기에 창을 만들었

르네상스 시대의 드럼 형식의 돔

피렌체 대성당의 모습과 돔

르네상스 시대의 돔과 평면으로 이루어진 천장의 벽화

르네상스 시대의 돔 천장에 그려진 벽화(첫 번째)를 비잔틴 양식의 돔(두 번째) 천장과 고딕 천장(세 번째)에 그릴 수는 없다.

다. 이는 건물 내부에 새로운 채광효과를 만들었다. 빛은 아래로만 쏟아지지 않고 천장으로 분산되어 프레스코에 신비감을 더해주었다. 또한 돔을 두 개의 층으로 만들어 미적인 성취와 더불어 무게를 경감시키는 효과를 발휘했다.

수평적 아름다움

바로 이전의 고딕 건축이 수직선을 극대화하여 종교적 이상을 표현했다면, 르네상스 건축은 수평선을 그에 못지않게 중요시했다. 이는 땅에 사는 인간중심의 사상, 그 중에서도 사회의 중심세력으로 떠오른 시민들 사이의 연대를 강조했다고 할 수 있다. 내부의 모습도 그 관점에서 벗어나지 않았다. 고딕 건축이 수직성을 활용하여 종교적

열정을 표현한 반면에, 르네상스 건축은 균형과 조화, 정적이고 온화한 분위기를 중요시했다.

설계의 중요성

르네상스의 건축 양식의 균형과 조화의 정신은 새삼 건축 설계의 중요성을 부각시켰다. 어느 시기 어느 양식이라도 설계는 있었다. 거기에서 한 발 더 나아가 르네상스 건축 양식은 더욱 더 과학적이고 세심한 설계를 필요로 했다. 이제 건축은 높고 넓게, 이런 기술적 성취뿐만 아니라 균형과 조화라는 예술적 과제를 해결해야만 하는 사명을 띠고 있었다. 집을 짓는 장인 기술자가 필요한 것이 아니라 품격 있게 짓는 예술가가 필요했다. 바야흐로 건축이 공학과 예술의 결합체가 되는 시기였다. 르네상스의 건축가는 집을 짓는 기술자가 아니라 집을 짓는 기술자를 통제하는 오케스트라의 지휘자였다. 의도하는 바대로 건물을 만들도록 기술자에게 도면을 그려 설명하고, 그렇게 건축되도록 감독했다. 이렇게 하여 설계(design)는 건축의 중심적인 역할을 하게 되었다. 이것은 건축 역사에 근본적인 변화를 가져왔다. 중세까지의 건축은 과학 기술적인 가능성을 미리 염두에 두고 건축에 접근해야만 했다. 언제나 한계를 설정하곤 했다. 이제 거꾸로 된 것이다. 르네상스의 건축가들은 건물의 최종 결과물이 어떻게 보이고 싶은지에 대한 예술적 발상을 한 다음, 그것을 가능하게 하기 위한 방식을 과학 기술자들과 함께 탐구하기에 이르렀다. 건축이 전문적인 학문의 하나가 된 결과였다. 이것은 건축 공학의 획기적인 발전으로 이어졌다.

전문 건설 노동자의 탄생

르네상스 시대의 노동자의 처지는 중세 시대와 크게 다를 게 없었지만, 최소한 강제로 동원되지는 않았다. 르네상스 시대의 건물은 임금을 주고(금액이 문제이긴 하지만) 고용된 노동자들에 의해 건설되었다. 이제 건설 노동자는 전문적인 직업이 되었다. 노동자는 두 부류로 나뉘었다. 비숙련 작업은 일당으로 모집한 노동자들이 맡았다. 그들은 돌을 나르거나 벽돌을 만들기 위해 흙을 치대는 등의 단순한 작업을 했다. 숙련된 노동자들은 도제(옆에서 배우면서 일하는 것)였다. 오래된 장인 아래서 기술을 배워야만 했고, 그 장인의 지휘에 복종해야만 했다. 그 과정을 수료하면 장인이 될 수 있었고 그 아래 도제 노동자들을 거느릴 수 있었다. 또한 장인들은 도시의 일을 독점하는 길드(조합)을 만들었고, 그 도시의 건축을 관장했다. 이 길드

짧은 시간 번성했던 르네상스 건축 양식이지만 그 짧은 기간에도 시대 구분이 꼭 필요한 이유는?

중세나 고대의 긴 시간에 비해 르네상스가 꽃을 피운 시기는 고작 200여 년이었다. 그러나 압축된 시간 속에서 비약적인 변화를 겪은 시기였다. 하나의 건축물이 생기면 경쟁적으로 그 건축물을 능가하는 새로운 건축물이 탄생했다. 이것은 미를 최고조로 구상하는 건축가의 예술성과 이를 실현시키는 과학 기술이 접목함으로써 가능했다. 그러므로 르네상스 건축 양식은 하루가 다르게 변했다. 200여 년의 시간을 세분하여 그 변천 과정을 살펴볼 가치가 있다.

에 소속되지 않으면 일감을 얻을 수 없었다. 이 길드에는 이미 여러 종류가 있었다. 상인의 이익을 도모하는 상인 길드, 수공업자의 이익을 도모하는 수공업자 길드 등이 그것이었다. 이제 건축 장인도 유망한 직업의 하나로 나타나게 되었다. 그들은 부유한 귀족, 상인, 성당 등과 긴밀히 연결되어 부를 축적해 나갔다.

초기 르네상스 건축 (1400~1500)

초기 르네상스 건축 양식은 이탈리아 최고의 상업도시인 플로렌스(피렌체)를 중심으로 나타났다. 이 시기의 천재적인 건축가는 필리포 브루넬레스키(Filippo Brunelleschi)였다. 인류역사상 처음으로 건축가라는 이름이 붙은 사람이다. 바야흐로 건축의 새 지평이 열린 것이다. 이제 유명한 건축물 앞에는 누구의 작품이라는 이름이 붙게 된다. 그의 건축 작품은 모두 피렌체에 있다.

브루넬레스키는 1377년 피렌체에서 태어나 1446년 로마에서 사망했다. 1401년, 브루넬레스키는 피렌체의 어느 세례당의 청동문 디자인(설계) 공모에 출품했으나 낙방했다. 그때 브르넬레스키에게 패배를 안겨준 건축가는 로렌초 기베르티였다. 원수는 외나무다리에서 만난다고, 두 사람은 이후 일생을 좌우하는 가장 중요한 공모전에서 다시 맞붙는다. 낙방의 실망감에 빠져 있을 때, 브루넬레스키가 처음으로 받은 건축 의뢰는 시시한 공공건물이었다. 이 건축물은 이노젠티

인류 최초의 건축가인 브르넬레스키의 조각상

인류 최초의 건축가인 브르넬레스키의 조각상. 한 눈에 보기에도 범상치 않은 예술가로 보인다. 브르넬레스키의 등장으로 건축은 음악, 회화, 조각처럼 한 인간의 이상적인 미를 추구하는 예술의 영역이 되었다.

고아원이었다. 이 건물은 구불구불한 미로인 피렌체의 도심에서 찾기도 힘들 정도로 구석에 위치해 있었다. 대단한 건축물로 평가받지는 못했으나, 그가 추구한 조화와 균형의 아름다움은 부호들의 눈에 띄어 더 담대한 건축물을 의뢰받는 계기가 되었다. 이 의뢰들 중에서, 그를 최고의 건축가로 발돋움하게 만든 것은 산타 마리아 델 피오레 대성당(흔히 피렌체 대성당, 두오모 대성당으로 불린다.)이었다. 1296년

착공된 산타 마리아 델 피오레 대성당의 돔은 1418년까지 건축되지 못한 채 방치되어 있었다. 이미 성당의 뼈대는 세워졌다. 문제는 그 위에 올라가는 돔이 로마의 판테온보다 큰 것이었는데, 그 방대한 돔을 아무도 올리지 못한 채 팔짱을 끼고 있었던 것이다. 고딕식의 건축이라면 불가능하지 않았다. 리브볼트 양식(갈비뼈 모양의 뼈대로 지탱하는 돔, 103페이지 참조), 플라잉 버트레스(돔의 무게를 분산시키는 외부 부벽, 106페이지 참조)등의 방법이 있었다.

문제는 도시의 성직자나 새롭게 등장한 시민계급 부호들이 고딕식의 건축을 경멸하고 있다는 사실이었다. 그들이 보기에 고딕 건축은 천박하고 위협적이었다. 그들은 품격 있는 성당을 짓기를 원했다. (물론 품격이란 단어는 상대적인 의미를 갖는다. 고딕을 좋아하는 사람의 입장에서 보면 르네상스 건축은 우아한 척하는 것일 수도 있다.) 1419년, 시 당국은 이 문제를 풀기 위해 설계 공모를 냈다. 이때 경쟁자가 바로 브루넬레스키에게 패배를 안겨준 기베르티였다. 브루넬레스키는 기베르티를 물리치고 최종 우승자가 되었다. 그의 설계는 고딕 양식을 차용하지 않고도 돔의 무게를 지탱하는 방법을 고안해냈는데, 거기에는 역학, 수학, 과학으로 증명한 그의 천재성이 있었다. 누구라도 그 설계를 보면 돔을 세울 수 있었기에, 설계는 비밀에 부쳐졌다. 브루넬레스키는 승승장구하여 산타 마리아 델 피오레 대성당(피렌체 대성당, 두오모 대성당)뿐만 아니라, 1419년 산 로렌초 피렌체 대성당, 1441년 산토 스피리토 피렌체 대성당을 연달아 설계했다. 브루넬레스키는 한 시대를 풍미한 가장 저명한 건축가였다. 흥미로운 사실은 산타 마리아 델 피오레 대성당은 1436년에 완공되었지만, 나머지 두 대성당의 건축은 그가 죽은 후에도 끝나지 않고 계속되었다는 사실이다. 브루넬레스키는 1446년 죽었지만 산 로렌초 대성당은 1480년에 완공되었고, 산토 스피리토 대성당은 1481년에야 완공되었다. 그만큼 르네상스 건축은 최초의 치밀한 설계가 중요했고, 장인들은 건축가 없이도 설계도에 따라 한 치의 오차도 없이 건물을 완성할 수 있었다.

브루넬레스키의 대표작, 산타 마리아 피오레 대성당(피렌체 대성당, 두오모 대성당)의 기구한 역사.

브루넬레스키의 돔으로 유명한 이 성당은 르네상스의 고향, 피렌체를 상징하게 되었다. 이 성당의 건축으로 피렌체가 전혀 다른 도시가 되었다는 일화가 전해진다. 돔의 외관은 하얀색으로 띠를 두르고, 초록색과 분홍색의 대리석으로 장식되었다. 은은한 색감은 품격 그 자체를 표현했다. 기록에 따르면, 원래 피렌체 대성당이 있던 자리에는 오래된 성당이 있었는데 이 성당은 낡아서 붕괴될 위험에 처해 있었고, 피렌체의 경제가 발전하면서 인구가 늘어 예배에 몰려드는 인원을 수용할 수도 없는 처지에 이르렀다. 피렌체 사람들은 도시의 팽창에 걸맞게 로마의 성베드로 대성당, 밀라노의 밀라노 대성당을 능가하는 크고 아름다운 성당을 갖고 싶어 했다. 1296년 9월 9일, 드디어 낡은 성당을 둘러싸는 규모가 큰 새 성당의 건축이 시작되었지만

지지부진했다. 140여 년 동안, 공사의 총감독은 수시로 바뀌었고 여러 명이 공사를 마치지 못한 상태에서 죽었다. 1375년에서 1380년이 되어서야 새 성당이 거의 완성되었다. 그러나 거대한 돔만은 여전히 미완성으로 남았고, 바로 이 돔의 설계자가 브루넬레스키였다.

피렌체 대성당의 특징은 무엇인가.

외벽은 수직과 수평으로 교차하는 여러 색의 대리석이 배열되었다. 카라라(희색), 프라토(초록색), 시에나(붉은색) 빛이 도는 대리석은 이탈리아 각지에서 운반되었다. 대리석의 색은 채도가 낮아 은은하여 서로 강한 대비를 이루지는 않았다. 이 배열은 그다지 화려하지도 않

지만 심심하지도 않은, 르네상스 인들이 추구했던 정신의 반영이었다. 단지, 외벽은 돔보다 먼저 건축되었기 때문에 고딕적인 요소들이 간간히 들어있다. 창틀의 장식품들이 그런 요소였다. 그러나 전체적으로는 우아한 느낌을 주었다.

돔

돔 설계 공모의 당선자, 브루넬레스키의 등장으로 돔의 건설이 시작되었다. 브루넬레스키는 로마 판테온의 돔의 구조에서 영감을 받았으나, 문제는 온전히 석재 벽돌만을 사용하여 돔을 올려야 하는 과제가 있었다. 브루넬레스키의 설계는 천재적이면서 동시에 전례가 없었다. 이 설계는 아주 전문적인 과학 기술이 응용되었으며, 기하학적이고 수학적인 지혜가 반영되었다. 첫째, 돔은 지붕이 아니라 원통형 드럼 위에 올려졌다. 그렇게 하여 돔의 무게는 지붕을 곧장 짓누르지 않게 되었다. 둘째, 세밀하게 보면 돔의 형태는 팔각형이었다.(그러나 아래에서 보면 원형으로 보인다.) 원형으로 보이면서 무게를 팔각형의 선을 따라 분산시키는 방법을 사용했다. 셋째, 돔은 이중의 벽으로 만들어졌다. 이 방법 역시 무게를 두 축으로 분산시켰다. 이 거대한 돔의 무게는 3만 7,000톤이었다. 또 브루넬레스키는 무거운 돌을 올리는 기중기를 만들어 사용했다. 돔 공사는 1420년에 시작되어 1436년에 끝났다. 이 돔은 건축 역사상 최초의 팔각형 돔이고, 내외부적으로 지지 구조가 없는 유일한 돔이다. 대부분의 돔은 내부에 돔을 떠받치는 기둥이 존재하거나, 밖에는 무게를 지탱해주는 플라잉 트러스트(106페이지 참조)를 사용한다. 그렇지 않을 경우, 돔의 규모는 매우 작았다. 브루넬레스키의 돔은 당시에는 물론 오늘날에도 가장 큰 석재 돔으로 유명하며, 르네상스 건축의 상징과도 같은 대접을 받는다. 그러나 브루넬레스키도 완성된 돔을 보지 못하고 못하고 죽었다. 돔의 마지막을 장식하는 가장 꼭대기의 랜턴(불꽃) 조형은 1469년 베로키오에 의해 완성되었다.

인간사 어디나 마찬가지? 기베르티와 브루넬레스키의 라이벌 관계

어디에나 선의의 경쟁자가 있다. 모차르트와 살리네르, 기베르티와 브루넬레스키가 그런 예술가들이었다. 처음의 경쟁에서는 기베르티가 이겼지만, 중요한 경쟁에서는 브루넬레스키가 이겼다. 브루넬레스키에 의해 피렌체 대성당의 돔 공사가 진행될 때, 쉽사리 설계대로 이루어지지는 않았다. 그런 혼란한 틈을 타서 기베르티는 시 당국에 브루넬레스키의 방법이 불가능하고 과학적으로 잘못된 것이라며 딴지를 걸었다. 시 당국은 기베르티의 말을 믿었다. 이에 화가 난 브루넬레스키는 로마로 가버렸다. 기베르티는 겉으로는 브루넬레스키가 틀렸다고 주장했지만, 몰래 브루넬레스키의 설계도면에 따라 돔을 올리려 했다. 그러나 번번이 실패하고 말았다. 그 이유는 브루넬레스키의 영리한 판단 때문이었는데, 그는 설계도면을 완벽한 형태로 제시하지 않았다. 자기 없이는 돔의 건축이 불가능하도록 마지막 중요한 기술은 자신의 머릿속에만 간직하고 있었다. 결국, 시 당국은 다시 브루넬레스키를 불렀고, 그는 의기양양하게 돔을 완성할 수 있었다. 시작은 패배자였지만 마지막 승자는 브루넬레스키였다.

역사의 아이러니!

메디치 가문은 피렌체의 실제적인 통치자였다. 많은 예술가를 배출하고 후원했다. 그 가문의 직간접적인 보호나 추천 없이는 활동이 불가능했다. 브루넬레스키도 그런 건축가 중의 한명이었다. 브루넬레스키에 의해 장장 140여 년에 걸친 피렌체 대성당의 건설이 끝났다. 교황이 내왕하여 축성식을 가졌고, 피렌체는 명실상부한 이탈리아와 유럽을 대표하는 도시가 되었다. 이런 영광을 가능하게 한 것은 메디치가문의 후원 덕분이었다. 그러나 메디치가의 수장격인 로렌초 메디치의 동생 줄리아노 메디치가 이곳에서 정적에 의해 암살당하는 비극이 발생하고 말았다.

브루넬레스키의 피렌체 대성당 돔의 설계 단면도와 완성된 돔

피렌체 대성당 내부의 전경   피렌체 대성당 내부에서 올려다 본 천장의 돔

·피렌체 대성당의 프레스코 단테의 신곡

피렌체 대성당의 돔에 그려진 프레스코 최후의 심판

전성기(성기) 르네상스 건축 (1500~1550)

전성기 르네상스 또는 성기 르네상스(high renaissance)라고도 불린다. 말 그대로 르네상스 건축(모든 예술 분야를 포함하여)이 짧은 기간 활화산처럼 타오른 시기를 말한다. 피렌체, 로마, 베니스 등지에서 꽃을 피웠지만, 가장 중심적인 역할을 한 도시는 역시 로마 제국의 수도였던 로마였다. 이 시기의 거장으로는 레오나르도 다빈치, 미켈란젤로, 라파엘로, 브라만테, 알베르티 등이 있다. 초기 르네상스 양식이 고딕에 대한 반감으로 그리스 로마 시대의 향수를 불러일으켰다면, 성기 르네상스는 그 복고주의적, 고전주의적 양식에 로마 시대의 웅장함, 예술가 개인의 내적 사상을 가미하여 타의 추종을 불허하는 성숙하고 완벽한 미에 도달하였다. 전성기가 끝난 시점은 대략 1520년에서 1530년 무렵으로 대단히 짧은 기간이었다. 로마와 피렌체 공국은 각각 1527년, 1532년, 북에서 내려온 신성 로마 제국의 황제 카를 5세에게 점령당하고 말았다.

르네상스 예술의 꽃은 회화와 조각이었다. 익히 알려진 라파엘로, 레오나르도 다빈치, 미켈란젤로는 서로 경쟁하며 회화와 조각의 전성기를 만들었다. 또한 불세출의 건축가로서는 알베르티, 브라만테, 미켈란젤로가 있었다. 여기서는 건축과 회화의 두 영역에서 모두 가공할만한 천재성을 보여준 미켈란젤로를 중심으로 전성기 르네상스 건축 양식을 살펴보기로 한다. 미술과 건물은 이 시대에 만나 건축이라는 예술을 꽃피웠고, 지금까지도 이 시기의 건축을 능가하는 작품은

없다고 해도 과언이 아니다. 그만
큼 위대한 시기였다고 말할 수 있
다. 물론 100층, 200층의 건물을
올리는 일은 위대하다. 지금도 세
계 각국은 높이의 경쟁을 하고 있
다. 그러나 그 건물이 르네상스의
3층 건축보다 무조건 우월하다고
말할 수는 없다. 계속 강조했듯이,
건축 양식이란 실용성과 예술성의
조화를 말하는 것이기 때문이다.

신성 로마 제국은 뭘까?

신성 로마 제국은 서로마 제국을 멸망시키
고, 자신이 로마 제국을 계승한다고 자처하
는 유럽의 다른 민족의 국가를 말한다. 주로
독일, 프랑스, 오스트리아 등을 중심으로 하
면서 전 유럽을 그 영향력 아래에 두었다.
그들이 발전시킨 건축 양식이 고딕 양식이
었고, 이탈리아인들이 그 양식을 야만족의
예술이라고 경멸했던 것은 서로 간의 패권
싸움으로 인한 당연한 결과였다. 또한 북방
의 유럽인들은 남부의 이탈리아 문화에 대
해 열등감을 가지고 있었고, 그 열등감으로
인하여 점령 후 로마를 파괴하기도 했다.

미켈란젤로의 건축혼 또는 예술혼

미켈란젤로의 전체 이름은 미켈란젤로 부오나로티(Michelangelo
Buonarroti)이며 1475년 3월 16일 피렌체 공국에서 태어나 1564년
2월 18일 로마에서 사망했다. 그의 직업은 하나로 말할 수 없다. 화
가, 조각가, 건축가, 시인, 과학자 모든 분야에서 천재적인 재능을 보
였다. 그의 아버지는 피렌체의 공무원이었고, 불행히도 어머니는 그가
6살 때 세상을 떠났다. 미켈란젤로는 시골의 유모에게 맡겨져 성장했
는데, 그때 유모의 남편이 석공이었다. 미켈란젤로는 유모의 남편이
매일 돌을 자르고 다듬는 것을 보고 자랐으며, 그때 그 기억은 미켈란
젤로의 미래에 엄청남 영향을 끼쳤다. 돌을 다루는 소리를 듣는 것이

음악을 듣는 것처럼 아름다웠다고 한다. 그는 돌을 다루는 직업을 꿈꾸었다. (믿거나 말거나 한 이야기지만 충분히 가능한 이야기다. 재능은 우연히 발견된다.) 소년이 되어 피렌체의 아버지에게로 돌아왔지만, 아버지는 그가 예술에 종사하는 것을 반대했다. 당시 피렌체는 상공업이 발전하여 예술과 건축을 장려했지만 그에 종사하는 사람들의 급여는 형편이 없었다. 아주 유명한 예술가가 되어야만 그나마 대접을 받을 수 있었다. 아버지와 삼촌은 미켈란젤로를 두드려 패면서까지 다른 공부를 하라고 강요했지만 예술에 미친 소년을 제어할 수는 없었다. 결국 13살에 아버지의 허락을 받고 당대의 유명한 화가 도메니코 기를란디요(Domenico Ghirlandaio)의 견습생으로 들어갔다. 그는 1년을 채우지 못하고 그곳을 뛰쳐나왔다. 스승의 실력이 성에 차지 않았다. 그러나 기를란디요는 절대로 수준 낮은 화가가 아니었다. 미켈란젤로의 천재성이 너무 뛰어났다. 이 천재를 제자로 두었던 기를란디요는 난데없는 수모를 당하게 되었다. 그 역시 이탈리아 전역에서 알아주는 대화가였던 것이다. 이렇게 재능이 너무 출중하여 갈 데 없는 미켈란젤로를 품은 것은 메디치 가문이었다. 메디치 가문은 이미 초기 르네상스의 거장 건축가였던 브루넬레스키의 후원자였으며, 예술가들이 맘껏 습작하며 생활할 수 있는 환경을 마련해 주었다. 15살, 메디치 가문의 후원을 받게 된 미켈란젤로는 천재성에다가 자금의 후원이라는 날개를 달게 되었다. 그곳에서 소년 미켈란젤로는 회화와 조각뿐만 아니라, 고대 그리스의 아리스토텔레스와 플라톤의 철학, 시, 산문,

천재 예술가의 탄생, 미켈란젤로의 초상화

미켈란젤로의 얼굴에는 숱한 고난을 이겨낸 흔적이 배어 있다. 르네상스 시대 세 명의
대표적인 예술가를 논할 때 라파엘로는 귀족적이고, 레오나르도 다빈치는 귀족과 평민의
중간에 위치하고, 미켈란젤로가 가장 평민에 가까운 풍모를 지닌다. 초상화의 느낌과
마찬가지로 미켈란젤로의 예술이 가장 인간적이다. 이 말의 의미는 그의 예술작품이
다른 두 명의 거장의 작품만큼 우아하지 않다는 것이 아니라, 그 우아함 속에 인간의
솔직한 고뇌가 표현되고 있다는 것이다. 그의 작품은 은연중에 당시의 신 중심적, 귀족
중심적 윤리관을 뒤흔들었다. 그것이 지배층의 마음을 불편하게 만들었으나, 그의 작품이
너무 위대해서 수용하지 않을 수 없었다. 특히 후기로 갈수록 이런 경향은 강해졌다.
미켈란젤로에 의해서 예술은 비로소 한 인간의 독특한 창작품이 될 수 있었다. 신화 속의
유명한 인물은 미켈란젤로에 의해 재해석되었고, 성서도 그에 의해 재해석 되었다. 이는
상상할 수도 없는 파격적인 실험이었는데, 이전까지는 누가 조각하거나 그림을 그려도
똑같았다. 일정한 기준, 규칙, 고정된 상을 벗어날 수 없었던 것이다.

미켈란젤로의 초상화, 레오나르도 다빈치의 초상화 , 라파엘로의 초상화

음악, 건축에 이르기까지 수준 높은 공부를 했다. 그러나 좋은 시절은
오래가지 못했다. 미켈란젤로를 총애하던 로렌초 데 메디치가 죽자
그의 아들 피에로 데 메디치는 미켈란젤로의 재능을 알아보지 못했
다. 밥만 축내고 있는 것 같은 분위기를 참을 수 없었던 미켈란젤로는

그곳을 나왔다. 그는 천재였지만 아직까지는 세상이 그를 알아보지 못했다.

건축의 중요한 요소가 된 미켈란젤로의 조각과 회화.

이 시대의 조각과 회화는 독립적인 예술 장르(그것만을 감상하는 의미)가 아니라 건축의 한 요소로서의 성격이 강했다. 조각은 성당의 내부나 외부를 치장하는 용도였고, 회화는 성당의 벽이나 천장에 그리는 프레스코(벽화)가 주종을 이루었다. 미켈란젤로는 조각이 가장 위대하다고 생각했고 회화는 미천한 예술로 여겼다. 유아 시절, 자신을 길러준 유모의 남편, 석공이 돌을 깨던 모습을 가장 아름다운 모습으로 기억한다고 말할 정도였다. 24살에 그를 일약 로마의 스타작가로 만든 작품은 〈피에타(pieta)〉였다. 피에타는 비애로 해석할 수 있다. 죽은 예수를 안고 있는 마리아를 표현한 조각이었는데, 아름답고 말

미켈란젤로의 조각 〈피에타(pieta)〉

미켈란젤로의 조각 피에타의 성모 마리아 옷깃에 새긴 자신의 서명

할 수 없이 슬픈 감정을 동시에 자아낸다. 미켈란젤로의 이 피에타를 능가하는 작품은 과거에도 없었고, 현재까지도 없다. 그러나 자세히 보면 예수와 마리아의 비례가 상식을 벗어난다. 마리아의 체구가 예수의 체구보다 월등히 큰데, 그는 조각의 균형감을 만들어내기 위해 의도적으로 마리아의 체구를 과장했다. 또한 성모 마리아의 옷깃에 '피렌체의 미켈란젤로 부오나로티가 만들었다.'라는 사인을 팠는데, 이는 당시로서는 감히 상상도 할 수 없는 신성모독이었다고 한다.

또한 다비드 상은 더욱더 스캔들을 일으켰다. 24살에 거장이 된 미켈란젤로는 고향인 피렌체의 산타 마리아 델 피오레 대성당 위원회로부터 성당의 부벽(벽면의 움푹 들어간 부분)에 올려놓을 다비드 상을 만들어달라는 제안을 받고 계약서에 서명했다. 이는 골리앗을 물리친 다윗(다비드)을 숭상함으로써 압제로부터 시민의 자유를 쟁취한 피렌체의 정신을 자랑하기 위함이었다. 이렇게 하여 다비드 상이 완성되었는데 높이가 무려 5m에 무게가 6톤이었다. 작품을 의뢰한 당국자는 작품의 엄청난 크기를 보고 놀랐지만, 시민들의 반응은 가히 열광적이었다. 그들은 이렇게 소리쳤다. "미켈란젤로의 다비드 상을 보면 이제 다른 조각품은 볼 필요가 없다!" 이 거대한 작품은 성당의 부벽 위에 올려놓을 수가

미켈란젤로의 조각 다비드 상

없었고, 이 작품을 어떻게 할 것인지에 대한 시민 대표자위원회의 긴 토론이 이어졌다. 결국 피렌체 시청인 베키오 궁전의 광장에 설치하기로 결정했다. 이 결정에 따라서 또 한 명의 르네상스 거장이 수모를 당했다. 원래 그 광장에는 도나텔로의 청동상 유디트와 홀로페르네스가 있었다. 그것을 치우고 미켈란젤로의 다비드 상이 세워지게 된 것이다. 400년 동안 광장에 있던 다비드 상은 훼손의 염려로 인해 아카데미아 미술관 특별실(독실)로 옮겨져 현재까지 그곳에 있고, 광장에는 대신 복제품이 세워졌다. 아카데미아 미술관에 전시된 다비드 상을 보면 이상한 느낌을 갖는데, 몸에 비해 머리가 가분수처럼 유난히 크다. 약간 바보처럼 보인다. 그 이유는 원래 돔 아래의 부벽에 설치할 의도였기 때문인데 바닥에서 얼굴까지의 높이는 50m였다. 그 거리에서 얼굴을 보려면 실제보다 커야만 했다. 그렇지 않으면 얼굴이 작은 점으로 보였을 것이다.

조각으로 명성을 떨친 미켈란젤로에게 그림을 그려달라는 의뢰가 들어왔다. 미켈란젤로는 회화를 조각 아래로 여겼다. 의뢰를 몇 번 거부했으나 교황 율리오 2세의 협박에 가까운 부탁으로 시스티나 성당의 천장화 〈천지창조〉를 그리게 되었다. (일설에 의하면 미켈란젤로의 명성에 배가 아팠던 동시대의 라이벌 건축가 브라만테가 사주했다는 이야기가 있다. 회화를 망치게 만들어 미켈란젤로에게 망신을 주려고 교황에게 협박을 하도록 계획했다는 것이다. 실제로 브라만테는 옹졸하고 시기심과 권력욕이 많았다고 전해진다.) 아무튼, 상황을 모르는 미켈란젤로는 시큰둥하게 작업에 착수했는데, 걸작이 탄생하고 말았다. 그것도 남들보다 같은 크기의 그림을 열 배나 빠른 속도로 그렸다. 더욱이 높은 곳에 올라가 머리를 거꾸로 들고 그리는 천장화였다. 세상은 이 왜소하고 못생긴 예술가에게 놀라움을 넘어 경악을 금치 못했다. 하지만 불세출의 걸작을 그린 미켈란젤로는 우울증에 빠졌다. 그에게 회화는 조각만큼 즐거운 작업이 아니었던 것이다. 더구나 얼굴로 떨어지는 회반죽과 물감을 뒤집어써야 했고, 천장을 보며 그리는 작업은 육체를 힘들게 만들었다.

1535년 교황 클레멘스 2세는 다시 미켈란젤로에게 프레스코화 〈최후의 심판〉을 의뢰했다. 당시 신성 로마 제국의 황제 카를 5세가 북으로부터 침략하여 로마시를 찬탈했다. 이에 분노를 느낀 클레멘스

미켈란젤로의 시스티나 성당의 천장화 〈천지창조〉

2세는 거짓 기독교인들(북에서 온 유럽인들)을 내쫓으라는 사명을 그림에 부여했다. 그들에 대한 분노를 미켈란젤로도 뼈에 사무치게 느꼈다. 이 벽화는 클레멘스 2세가 죽고, 바오로 3세 때에 완성되었다. 바오로 3세는 미켈란젤로를 '교황청의 최고 건축가, 화가, 조각가'로 공식 포고하기에 이르렀다. 훈장 중의 최고 훈장을 받은 미켈란젤로는 이제 더 이상 오를 곳이 없었다. 그런데 〈최후의 심판〉은 또 스캔들을 일으켰다. 당시의 찬반은 격렬했다. 지금 보는 것은 중간에 수정된 벽화로 나체와 반나체가 섞여 있지만 원래는 예수, 성인, 제자, 천사, 모든 등장인물이 100% 나체였다. 그것은 상상도 할 수 없는 일이었다. 불경한 그림을 하느님의 성전에 들이는 것은 불가능했다. 추기경들은 그런 그림은 홍등가 벽에나 그리라고 비난했다. 바오로 3세는 중간에서 타협점을 제시했다. '나체는 하느님 앞에서 벌거벗은 미천한 존재인 인간의 표현이다. 하느님만이 이 미물을 구원한다.' 미켈란젤로는 자기를 비난한 추기경들에게 복수를 했다. 그 대표인 비아지오 다 체세나 추기경의 얼굴을 지옥의 수문장으로 그려 넣고, 귀를 당나귀 귀로 그려 넣었으며, 그의 성기를 뱀이 물고 있게 하였다. 부들부들 떤 추기경은 교황에게 직고하고 자기 얼굴을 그림에서 빼라고 요구했으나, 미켈란젤로는 지옥에 빠진 인간은 자기도 어쩔 수 없다고 끝내 거절했다. 이 이야기들은 진실에 가깝다. 미켈란젤로는 교황마저 사로잡은 천재적인 재능이 있었다. 일개 예술가였지만 교황청도 그의 천재성을 예우한 것이 그 당시의 분위기였다.

미켈란젤로의 프레스코화
〈최후의 심판〉에 그려진
비아지오 다 체세나 추기경

미켈란젤로의 프레스코화 〈최후의 심판〉

미켈란젤로의 건축

미켈란젤로는 당연히 건축에서도 예술적, 장인적 천재성을 발휘했다. 그는 건축가로서의 객관적 과학성과 주관적 감각에 모두 능통했다. 그럼에도 건축에 대해 열광적인 애정을 보이지는 않았다. 남들은 하고 싶어 안달이었지만 초연했다. 그는 언제나 자신이 조각가라고 생각했다. 그러나 세상은 그의 재능을 가만히 내버려두지 않았다. 그는 맡은 건축마다 고전적인 규칙을 따르면서도 기상천외한 파격을 가미했다. 미켈란젤로는 드디어 일생일대의 걸작인 성 베드로 대성당의 건축가로 임명되었다. 성 베드로 대성당은 오랜 기간 공사를 하고 있었으나 지지부진한 상태 속에서, 공사를 끝낼 거장을 찾지 못하고 거의 폐허 수준으로 변하고 있었다. 1546년 교황 바오로 3세는 이미 70세를 넘긴 노인인 미켈란젤로에게 성 베드로 대성당의 완공을 간청하였다.

성 베드로 대성당의 기구한 운명

1506년, 교황 율리오 2세는 교황청의 권위를 회복하기 위해 성 베드로 대성당의 건립을 결정하고 낡은 옛 성당을 철거하기 시작했다. 당대의 유명한 건축가들이 건축에 참여했다. 그러나 공사 기간이 워낙 길어서 한 사람이 죽으면, 뒤를 잇는 사람이 앞 사람의 설계를 뒤집고 자신의 설계를 고집하는 악순환이 반복되었다. 이런 이유로 공사는 지지부진했다. 도나토 브라만테, 줄리아노 다 상갈로, 프라 조콘토, 라파엘로 산치오 등이 그 건축가들이었는데, 모두가 둘째라면 서러워하는 유명한 건축가들이었다. 조각 외에는 별로 열정을 보이지 않았던 미켈란젤로는 처음에는 시큰둥했다. 그러나 공사가 시작되자 노구를 이끌고 초인적인 열정을 쏟게 되었다. 폐허와도 같은 공사현장을 본 미켈란젤로는 가슴이 아팠다. 미켈란젤로는 돈만 받아가는 기존의 장인들과 관리자들을 모두 내쫓고, 건축가가 여러 번 바뀌면서 누더기가 되어버린 벽체를 모두 철거했다. 그다음 참신하고 젊은 장인들을 고용했고, 교황청의 추기경들과 시의 관리자들에게는 건축에는 콩 놔라 팥 놔라 관여하지 말고 공사 자금만 잘 관리하도록 명령했다. 이것이 화근이 되어 미켈란젤로를 쫓아내려는 반란이 일어났다. 이번에도 교황

바오로 3세는 미켈란젤로의 손을 들어주었다. 미켈란젤로는 공사를 진두지휘하고, 결과에 대해 책임을 지는 진정한 건축가의 자리를 차지했다. 처음부터 다시 시작하기 위해 설계의 초안들을 살핀 미켈란젤로는 대인배 예술가의 면모를 보여주었다. 자신을 시기했던 브라만테의 초안을 수용했다. 그것이 가장 예술적이고 과학적이었던 것이다. 그는 브라만테의 초안을 자신의 스타일로 변경했으며, 또한 다른 건축가들의 설계에서도 장점을 받아들여, 최종 설계를 마무리했다. 아마 얼치기 예술가였다면 기분이 나쁘다고 브라만테를 걷어찼을 것이다.

성 베드로 대성당의 특징은 무엇인가

먼저 미켈란젤로는 단순하고 웅장한 아름다움을 추구했다. 미켈란젤로는 브라만테의 평면도에 나와 있는 십자가 형태를 차용했다. 이전의 성당이 입구에서 제단까지 긴 구조였다면 성 베드로 대성당은 사방의 길이가 같았다. 그 중심에 돔이 위치하여 중심을 잡는 역할을 하였다. 대신 브라만테의 설계 중 잡다한 내벽이나 치장물은 모두 철거하고, 육중한 외벽 하나만을 세웠다. 기하학적으로 가장 단순한 구조가 되었다. 또한 돔을 떠받치는 외벽의 작은 기둥들을 버리고 몇 개의 굵은 기둥으로 단순화했다. 군더더기를 버리니 내부는 단순하고 장중한 모습을 띠게 되었다. 마지막 남은 과제는 역시 돔을 올리는 방법이었다. 돔은 건물의 중심이었다. 미켈란젤로는 그때까지의 돔 중 가장 아름답고 큰 피렌체의 산타 마리아 델 피오레 대성당(피렌체 대성당)의 돔을 답사하고 연구했다. 이 돔은 초기 르네상스 시대의 걸작이며, 그 시대 피렌체의 건축 천재 브루넬레스키의 작품이었다. 미켈란젤로는 브루넬레스키 돔의 이중벽을 차용했다. 무게를 지탱하는 내벽과 장식적인 아름다움을 표현하는 외벽을 분리하는 방법이었다. 그러나 팔각형의 모양은 완전한 반원형으로 만들었다. 돔 아래에는 역시 브루넬레스키의 양식인 원통형 드럼이 설치되었다. 브루넬레스키의 돔과 미켈란젤로의 돔 중 어느 것이 더 위대하다고는 말할 수 없다. 둘 다 위대하다. 정작 미켈란젤로의 성 베드로 대성당의 돔은 피렌체 대성당의 돔보다 크기가 작다. 그는 쓸데없는 자존심 경쟁을 하지 않았다. 다만 로마에 어울리는 자신의 건축물을 지었다. 나쁜 구태와는 과감한 단절을 했지만 훌륭한 것은 배우고 받아들였다. 이 외에도 미켈란젤로의 걸작은 수없이 많다. 메디치 성당, 로렌치아 도서관, 산타 마리아 델리 안젤리 성당, 캄피돌리오 광장과 궁전이 있다.

성 베드로 대성당

성 베드로 대성당의 외관

성 베드로 대성당의 돔

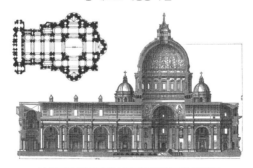

성 베드로 대성당의 십자가형 평면도와 단면도

성 베드로 대성당의 내부, 성 베드로 대성당의 천장과 돔

후기 르네상스 건축 (1550~1600)

르네상스 건축 양식은 브루넬레스키에 의해 피렌체에서 태동했고, 역시 피렌체 출신의 미켈란젤로에 의해 로마에서 전성기를 구가했다. 패션, 영화, 문학, 미술 등 어느 장르를 막론하고, 어떤 요소가 유행하면 그 요소가 대세를 이루는 경향이 있다. 이는 현대나 르네상스 시대나 마찬가지였다. 건축가들은 너도 나도 미켈란젤로의 양식을 모방, 더 나아가 과장하는 경향을 띠게 되었다. 또한 피렌체, 로마뿐만이 아니라 이탈리아 전역으로 그 유행이 번져나갔는데, 후기 르네상스의 중심지는 이탈리아의 또 하나의 대표적인 도시 공국 베네치아(베니스)

였다. 베네치아 역시 지중해를 통하여 동방과 교역하는 부유한 도시였다. 비잔틴 양식이 동로마 제국에서 유입된 곳도 베네치아였으며, 산마르코 광장의 산마르코 대성당은 서유럽에 건설된 대표적인 비잔틴 양식의 건축이었다. 후기 르네상스 양식을 흔히 매너리즘 양식(mannerism style)으로 지칭한다.(후대에 그렇게 불렀다. 스스로 매너리즘이라는 부정적인 이름을 붙이지는 않았을 것이다. 역시 중세라는 말과 고딕이라는 말도 스스로 그렇게 지칭하지는 않았다.) 일상에서 별 새로움이 없이 진부한 습관이 반복될 때 흔히 매너리즘에 빠졌다고 말하듯이, 매너리즘 양식이란 약간 부정적인 뉘앙스를 갖는 말이다. 습관적 반복, 상투적인 모방, 진부한 기교를 부렸다는 의미이다. 그들은 거장 미켈란젤로가 추구한 예술의 파격미를 습관처럼 반복적으로 써먹었지만, 다른 한편 규칙에 대한 강박을 버리고 자유로움을 추구했다. 정리하자면, 매너리즘 건축 양식이란 전성기 르네상스 건축 양식을 모방하지만 다양하고 의도적인 조작, 과장, 일탈을 통하여 개성적이고 독창적인 건축을 추구하는 양식이었다.

매너리즘은 어떤 시대적 배경 속에서 탄생했을까?

유럽 역사에서 16세기는 기독교 역사 중 가장 힘든 시기 중의 하나였다. 이는 타 종교의 침략 때문이 아니라, 기독교 내부의 분열 때문이었다. 중세의 광폭한 기독교 권력에 염증을 느낀 북유럽에서는 종교개혁 운동이 일어나 신교도가 득세했다. 교황청을 중심으로 하는 천주교는 세력이 약해졌고, 두 세력 간의 종교전쟁이 벌어졌다. 경제는 피폐해졌고 믿음은 온데간데없이 사라졌다. 이 권력 투쟁의 와중에 고통받는 이들은 교황이나 추기경, 신교 성직자들이 아니라 일반 민중이었다. 감성적으로 세심한 예술가(건축가)들은 이런 사회적 분위기 속에서 기성 종교의 권위를 조롱하고 체제에 반항했다. 이것이 예술적 형식의 의도적 파기, 엉뚱한 일탈로 나타났다.

매너리즘 양식에는 어떤 건축가가 있을까

매너리즘 건축 양식의 문을 활짝 열어젖힌 사람은 발다사레 페루치 (Baldassare Peruzzi)였다. 페루치는 1533년 마시모 알레 콜로네 팔라초를 건축했다. 가히 그때까지의 건축 문법으로부터의 일탈이었고 파격적이었다. 1층의 회랑(복도)을 떠받치는 기둥은 두 개가 쌍으로 된 듯 보이지만, 어떤 것은 하나만 동떨어져 회랑을 떠받친다. 창문의 크기는 일정하지 않다. 어떤 것은 아래의 창문이 위의 창문보다 작아, 균형감각을 고의로 파괴했다. 또한 벽면의 벽돌의 수평선은 기둥의 수직선에 의해 의도적으로 끊기고, 삼각형의 장식을 한 문과 아치형의 문의 조합은 어울리지 않았다. 이 모든 것은 의도적인 대비이자 엇박자였다. 그러나 그 엇박자가 신기한 조화를 선사했다.

줄리오 로마노(Giulio Romano)는 매너리즘 건축을 절정기에 올려놓은 건축가였다. 그는 로마에서 태어나 1505년, 당시 출세 가도를 달리고 있었던 르네상스의 3대 거장 라파엘로의 조수로 들어갔다. 그는

마시모 알레 콜로네 팔라초의 전경

자세히 보면 고전주의의 비례, 조화, 균형을 파기했다. 이것은 난삽한가? 아니면 또 다른 아름다움인가? 이 건축에 꼭 그래야만 하는 규칙은 존재하지 않는다.

마시모 알레 콜로네 팔라초의 기둥과 지붕 사이의 세부묘사

자세히 보면 기둥과 창문 사이의 벽이 일정한 수평선을 유지하지 않고, 요철처럼 위아래로 돌출하곤 한다. 마치 이빨이 빠진 듯한 이 모양은 수평선의 의도적 파기였다. 매너리즘 건축가들은 이렇게 되묻는다. "왜 꼭 수평선이어야 한다고 생각하는가?"

라파엘로에게서 회화를 마스터하고 라파엘로를 잇는 대화가가 되었다. (라파엘로가 재능은 있었지만 술과 유곽을 좋아하는 습관이 있어 그의 작품 중 후기의 것은 줄리오 로마노가 대신 그렸다는 이야기가 전해지는데, 미술사 연구자들의 고증에 의해 대부분 사실로 드러났다.) 그는 회화의 자유로운 기법을 건축에 적용하는 시도를 하였다. 회화에도 관습과 규범이 있는 것은 분명하지만, 건축보다는 자유롭다. 예를 들어 하늘의 빛깔을 예술가의 주관대로 표현할 자유가 있었다. 그런 자유로움을 표현한 건축 작품이 만토바에 있는 팔라초 델 테이다. 언뜻 보면 고전적인 조화와 균형이 유지되는 것처럼 보인다. 그러나 자세히 보면 익살과 패러디가 곳곳에 숨어있다. 아치형의 정문은 세 개이며(보통 정문은 하나이다.) 아치와 아치 사이에는 쌍으로 연결된 원주가 세워졌다. (보통은 하나의 원주가 세워졌다.) 그다음 수평으로 연결된 건물을 보면, 원기둥은 중간쯤에서 사라지고, 쌍으로 된 사각형의 기둥이 세워져 있는데 이 또한 일정한 규칙을 가지고 있지 않다. 간격도 들쭉날쭉하다. 왼편의 2층에는 창문이 없지만, 오른 편의 2층에는 창문이 있고, 그 간격이 제멋대로이다가 없어진다. 그러나 불규칙하지만 건물이 난삽해보이지는 않는다. 불규칙한 배열 속에서도 심미적인 아름다움을 뿜어내고 있는데, 그 심미안은 예술가의 고유한 감정에서 기인한 것이었다. (누구나 할 수 있는 것은 아니다.)

팔라초 델 테의 전경

언뜻 보면 조화롭지만, 자세히 보면 제멋대로이고, 다시 보면 더 멋지다.

이 르네상스 양식으로 인하여 로마, 피렌체, 베니스 등의 이탈리아 도시들은 세계에서 가장 많은 관광객을 불러들인다. 프랑스, 독일, 영국의 유럽인들도 자신의 뿌리를 그리스의 인간중심주의와 그 정신을 부활시킨 르네상스에서 찾으려고 한다. 《괴테의 이탈리아 여행》이란 책이 있듯이 유럽의 지성인이 죽기 전에 가보고 싶은 나라는 바로 이탈리아다.

제 5 장
유럽의 절대왕정, 침략과 식민지의 시대

15세기 ~19세기

– 이제 아시아, 아메리카, 아프리카의 건축은 파괴당하거나 발전을
 멈추고, 인류 건축의 역사는 서양 건축의 역사가 된다. –

: 개요

이탈리아가 로마, 피렌체, 베니스, 밀라노 등의 작은 도시 공국으로 분할되어 르네상스 문화를 꽃피우고 있을 때, 알프스 산맥 너머 북부에서는 절대왕정이 건설되었다. 그 대표적인 나라는 스페인, 포르투갈, 프랑스 등이었다. 이제 유럽 건축은 왕의 권세를 표현하기 위한 건축이 주가 되었다. 밖으로는 대항해 시대가 열려 아시아, 아프리카, 아메리카를 식민지로 만들거나, 불공정 무역으로 수탈했고, 아메리카 대륙의 원주민은 거의 전멸했다. 아울러 그곳에 있던 위대한 건축물의 값비싼 장식은 뜯겨 유럽의 수집가들에게 팔렸고, 뼈대는 폐허가 되어 밀림 속에 방치되었다. 이제 동서양 건축의 병행적 발전은 끝났다. 식민지에는 유럽의 건축 양식이 이식되었고, 유럽인들은 자신들의 건축물을 발전의 척도로 생각하도록 식민지 민족을 세뇌했다. 밀림에 숨겨져 있던 이 시대의 건축물들은 나중에 발견되었다. 현대에 이르러서야 그 모습이 발견된 위대한 아메리카의 건축을 살펴보자.

식민지를 경험한 많은 나라의 관광명소는 아이러니하게도 이국적인 서양 건축물이다. 아시아 는 물론, 중앙아메리카, 남아메리카, 아프리카의 경우도 마찬가지다.

일본의 식민지였던 대한민국의 조선 총독부 건물(철거됨)

포루투갈의 식민지였던 마카오의 세인트 폴 대성당

프랑스의 식민지였던 베트남 호치민 시의 노트르담 대성당

1. 북, 중앙, 남아메리카의 건축

※

- 미스터리한 건축물들, 아직도 풀지 못한 신비로움 -

아메리카의 건축은 북, 중앙, 남아메리카의 건축을 통칭하지만, 북 아메리카의 건축은 남아있는 흔적이 거의 없다. 아메리카 건축은 주로 중앙아메리카의 아즈텍 문명, 남아메리카의 마야, 잉카 문명의 발굴지에 분포한다. 거대한 도시의 윤곽, 궁궐, 신전 등이 그것이다. 각 문명의 건축은 서로 다르지만 상당한 유사성들이 발견된다. 이는 기독교 건축의 유사성, 불교 건축의 유사성과도 상통한다. 이들의 신은 태양신이었기 때문에 신전의 모습은 고대 이집트나 메소포타미아의 건축물들과 유사한 점들이 보인다. 그 유사성 때문에, 아직도 이집트 문명이 어떤 경로를 통하여 아메리카에 유입되었는지를 증명하려는 사람들이 있다. 그들은 고대의 쪽배를 타고 대서양을 횡단하는 실험을 해서 고대 이집트인들이 이곳에 배를 타고 왔다는 가설을 증명하려고 노력한다. 하지만 이는 인류의 역사를 잘못 이해하는 것으로 보인다. 두 지역에서 동시에 유사한 사고가 나타나는 것이 불가능할 이유는 없다. 인간의 미적 기준은 누구에게나 공통적으로 생겨날 수 있기 때문이다. 그런 증명을 시도하는 학자들은 대부분이 유럽 백인인데, 그들의 관점에서 보면 지중해 연안을 인류 문명의 기원으로 삼아, 나머지 지역은 그 영향을 받은 것으로 정리하는 것이 편리하기 때문이다. 이처럼 중앙아메리카의 신전은 고대 이집트의 피라미드와 대단히 유사하며, 이집트의 피라미드를 제외하고는 제일 거대한 피라미드로 사람들을 놀라게 하였다.

북아메리카 인디언의 건축

아나사지(anasazi)의 절벽 궁전

과연 이곳에 살았던 인류는 누구일까? 그들은 왜 광활한 대지를 놔두고 절벽 위에 집을 지은 것일까? 그들은 어디로 사라진 것일까? 모든 것이 의문덩어리이다. 메사베르데 절벽 궁전(cliff palace)은 1888년, 카우보이 리처드 웨더릴과 찰리 메이슨이 잃어버린 소를 찾아 헤매다가 발견했다. 이 미로로 얽힌 절벽 마을은 마치 바로 전까지 사람이 살다가 없어진 것처럼, 석재와 목조 가재도구를 고스란히 남긴 채 홀연히 카우보이의 눈앞에 나타났다. 그들은 이 마을에 아나사지(anasazi)란 이름을 붙였다. 아나사지는 '고대의 사람들'이란 의미를 가진 인디언의 고유 언어였다. 이 절벽 궁전은 높이가 30m, 너비가 90m의 4층 규모의 건물로서 200여 개의 방으로 구성되었다. 건물은

아나사지족 인디언에 의해 지어진 미국 콜로라도의 메사베르데의 절벽 궁전의 전경

메사베르데의 절벽 궁전의 전경

메사베르데의 절벽 궁전의 세부 모습

절벽에 굴을 파서 공간을 내었고, 어떤 것은 외부에 석재를 쌓기도 했다. 비슷한 규모의 절벽 궁전은 모두 3개였다. 하나의 궁전에 300여 명이 거주했다고 가정하면 총 1,000여 명의 인구가 살았던 곳이라고 추정되었다. 고고학자들은 석재와 목재 도구뿐만이 아니라 불을 피운 흔적과 요리 도구가 있는 부엌의 흔적을 발견했고, 거대한 농경지로 추정되는 땅에서는 옥수수를 재배하고, 소와 양을 기른 목장의 흔적도 발견했다. 그 시기를 탄소측정법으로 계산하니 대략 서기 800년 무렵이었다. 콜럼버스가 아메리카 대륙에 온 1492년보다 훨씬 이전이었다. 아마 그들은 유럽인에게 쫓겨났거나 학살당했을 것으로 추정되었다. 아니면 그 이전에 가뭄이나 천재지변으로 전멸했을 수도 있었다. 이 발견은 미국인들에게 행운이자 불행이었는데, 행운이라 하면 미국이라는 땅이 유럽의 문명과 다른 독자적 문명을 가지고 있다고 자랑할 수 있는 반면, 불행은 백인 중심의 세계관을 바꾸어야 한다는 것이었다. 그들은 미국인이지만 유럽에서 왔고, 유럽(영국과 프랑스)으로부터의 독립을 위해 싸우고 있었지만, 한편으론 인디언을 죽였던 이중성을 지니고 있었다.

중앙아메리카 인디언의 건축

마야의 건축

마야는 기원전 2000년 무렵부터 1600년대까지 영화를 누렸던 고대 문명이며, 멕시코 동남부, 과테말라, 온두라스, 엘살바도르 등의 지역에 산재했다. 이들은 중앙아메리카 지역에 넓게 퍼져 그리스 문명처럼 작은 도시국가로 나뉘어 경쟁했다. 흔히 우리가 신비로운 남미 문명이라고 하면 떠올리는 것이 바로 마야 문명이다. 학자에 따라서는 마야 문명의 기원을 기원전 3000년경으로 보기도 하는데, 이는 최초의 고대 문명인 메소포타미아와 거의 같은 시대이다. 1500년대 스페인의 침략으로 마야인들은 역사 속에서 사라졌다. 더불어 그들의 도시도 모두 사라졌다. 그 이유는 마야의 도시가, 남아있는 아즈텍이나 잉카의 도시보다 덥고 습기가 많은 정글 속에 위치하고 있었기 때문이었다. 석재는 쉽게 풍화되어 스러지고, 그 잔해 위를 밀림의 풀과 나무가 뒤덮어버렸다. 아즈텍과 잉카 문명이 번성한 곳은 상대적으로 건조한 멕시코의 사막이나 안데스 산맥이었다. 마야에 대한 기록도 남아있는 것이 거의 없다. 전설과 구전으로만 전해지던 마야의 존재는 1848년에 티칼 고대 도시가 발견되면서 인류의 역사 속으로 들어오게 되었다.

티칼(tikal)

티칼은 중앙아메리카의 과테말라에 있는 마야 문명의 유적지이다. 신전과 궁전, 부속 건물들이 있는 도시의 일부이다. 티칼은 마야 문명 중의 고전기, 즉 200년부터 900년 정도까지 이어진 중심 도시국가였다. 이 시대에 티칼과 패권을 겨루던 도시국가는 칼리크물이었다. 그리스 시대의 아테네와 스파르타의 관계와 유사했다. 10세기경 티칼과 칼리크물은 둘 다 사라지고 다른 도시국가가 태동했다. 그들이 사라진 이유는 기후변화로 인한 식량 부족 때문이었다고 추측되고 있다. 그 이후의 마야인들도 티칼의 존재를 소문으로만 알고 있었고, 마야 전체가 멸망한 스페인의 침략 이후로는 역사 속에서 완전히 사라졌다. 티칼의 규모는 어마어마하다. 7개의 신전(평균 높이 50m-60m), 그리스의 아크로폴리스와 유사한 제사와 축제의 광장 여러 개, 무덤

티칼 유적지

밀림 속에 드러난 신전의 모습

티칼의 전경

아크로 폴리스

구기 경기장

신전

으로 추정되는 수많은 피라미드, 도시의 관공서와 시장이 형성된 광장, 구기 경기장, 궁전 등이 있다. 고증을 통하여 복원한 것이기는 하지만, 그 원형의 위용을 감상하기에는 부족함이 없다.

영화 속의 티칼

조지 루카스 감독의 《스타워즈 에피소드4》에는 외계인들에 맞선 지구 저항군들의 기지가 나오는데 그곳이 바로 티칼이다. 조지 루카스 감독은 컴퓨터 그래픽을 사용하지 않고 티칼을 찍은 장면을 그대로 영화에 삽입했는데, 공상과학 영화의 한 장면으로 착각할 정도로 티칼의 풍경은 비현실적이고 신비롭다.

스타워즈 속의 티칼 풍경

고대의 경기는 어땠을까?

로마의 원형 경기장에서는 노예가 검투를 했고, 한 명이 죽을 때까지 싸웠다. 티칼의 경기는 축구와 같은 구기 종목이었다. 특이한 점은 두 편으로 나뉘어 둥근 물체를 팔꿈치로 치면서 상대방 벽으로 몰고 가는 것이었다고 하는데, 패배한 쪽 인원은 모두 잔인하게 살해되었다고 한다. 현대의 관점에서 보면 알다가도 모를 일이다! 왜 인간을 죽이기 위해 경기를 할까?

아즈텍 문명의 건축

아즈텍 문명은 기원을 알 수 없다. 시작이 기원전이라는 것은 확실하다. 흔히 1200년 무렵부터 멕시코를 중심으로 번성한 문명이라고 말하기도 하는데, 1200년 무렵은 산재한 다양한 부족이 아즈텍 제국으로 통일된 시기를 말한다. 아즈텍 제국의 인구는 600만 정도로 추정되는데, 당시 영국의 인구가 500만 명이 채 안 되었다. 또한 아즈텍 제국의 수도로 추정되는 테노치티틀란의 인구는 10~20만 정도로 추산되는데, 당시 파리의 인구는 5~10만 정도였다. 그들은 엄청난 인구, 막강한 경제력, 풍부한 자원을 활용하여 찬란한 문명을 꽃피웠고, 그 나라의 경제력을 가장 잘 표현하는 건축은 화려함과 규모에 있어서 견줄 것이 없을 정도였다. 그들은 아무리 화려한 궁궐이라도 싫증이 나면 부수고 다시 지었다고 한다. 그만큼 금은보화, 노동력, 자원이 넘쳐났고 과학 기술도 뛰어났다.

아즈텍인들도 놀란 자신들의 선조들의 건축물

멕시코의 수도 멕시코시티에서 북쪽으로 50km 떨어진 곳에는 고대의 유적지가 있다. 죽은 자의 길, 해의 피라미드, 달의 피라미드 등으로 이름 붙여진 대표적 건축들은 그들의 신에게 제사를 지낸 곳으로 추정된다. 이 외에도 거주자를 위한 도시가 상존했으나 건물은 남아있지 않다. 이 유적지는 기원전 600년 전까지 거슬러 올라가고, 서기 7세기경 화재로 소실된 것으로 보인다. 원주민들은 이곳을 떠났고

도시는 폐허가 되어 밀림 속에 숨겨져 있었다. 후에 아즈텍인들이 이곳을 발견하였을 때, 절대로 인간의 건축이 아니라고 생각했을 정도로 규모가 컸다. 태양의 피라미드는 높이가 70m에 사방의 길이가 220m에 달하고, 이보다 작은 달의 피라미드는 높이가 45m에 달한다. 그리고 그 사이의 공간은 죽은 자의 길로 구성되어 있다. 남아있는 유적지의 총면적은 사방 4km(16km²)이고 죽은 자의 길은 그 가운데에 2.5km의 길이로 뻗어 있다. 그것이 다가 아니다. 이 유적을 포함한 도시의 총면적은 24km² 추정된다. 게다가 바둑판 형태의 현대적인 계획도시였다. 2000여 개의 건축물이 있었다고 하니 가히 인류 최고의 고대 도시라고 할 수 있다.

아즈텍 고대 문명 도시 유적의 광활한 풍경

캣살꼬아뜰(quetzalcoatl) 신전 전경

해의 피라미드 신전

달의 피라미드 신전

죽은 자의 길. '달의 피라미드'에서 바라본 '죽은 자의 길'. 사진의 왼쪽에 보이는 것이 '해의 피라미드'이다.

남아메리카 인디언의 건축

잉카의 건축

잉카 문명이 언제 태동했는지는 아직까지 밝혀지지 않았다. 아즈텍 문명과 마찬가지로 잉카 제국이 주변을 통일한 시기인 1200년대 무렵을 그 시작점으로 볼 수밖에 없다. 아메리카 문명의 기원을 현재로부터 가까운 시대에 두려는 것은 유럽 고고학자들의 의도이기도 했다. 그들은 유럽보다 먼저 아메리카 문명이 존재했다는 사실을 받아들이기가 불편했다. 아즈텍인들이 선조들의 문명 유적지를 발견하고 스스로 놀랐듯이, 잉카 제국의 유적이나 유물이라고 일컫는 많은 것들이 잉카 제국 이전에 만들어지거나 건축된 것이었고, 잉카인들은 그것을 자신들의 문명 속으로 흡수하였다. 그들도 그들의 기원을 확실히 모른다. 현재는 자신의 역사에 관심이 많은 인디오 출신의 고고학자들에 의해 그 기원이 점점 더 오래된 것으로 증명되고 있다. 한 예로 그들은 잉카 제국 이전에 500년 간 번성했던 띠와나꾸 문명의 도시 건축 유적을 발굴했다. 그리고 더 많은, 더 오래된 도시 건축의 유적들이 발굴되고 있다. 잉카 제국은 지금의 에콰도르, 페루, 볼리비아, 콜롬비아 남부, 칠레 북부, 아르헨티나 북서부 등 안데스 인접 지역을 지배하는 광대한 제국이었다. 그 영토는 아즈텍 제국을 능가하여, 지금까지 확인된 바로는 아메리카 대륙에 존재했던 최대의 제국이었다.

그들은 궁궐과 신전이 있는 거대 도시를 건설했고, 때론 외부의 침입을 막기 위해 깊은 산 속 요새 안에 도시를 건설했다. 놀랄만한 사실은 북쪽의 에콰도르에서 남쪽의 칠레에 이르는 5,000km의 도로를 만들었다는 것이다. 매 7km마다 도로를 감시하는 관리소를 두었고, 매 18km마다 휴게소 또는 숙박 시설이 있었다. 왕의 명령은 신속하고 체계적으로 전 영토로 전달되었다. 도로에는 우체국과 같은 건물이 있었고, 한 명의 전령사는 150km 정도를 달린 후에 그곳에서 기다리는 다음 전령사로 교체되었다. 그러나 이 도로는 불행하게도 잉카 제국의 멸망을 가속화시켰다. 스페인 침략자들은 이 도로를 통해 쉽게 안데스 산맥으로 접근했고, 요새 도시에서 저항하는 잉카인들을 학살할 수 있었다.

마추픽추(machu picchu)

마추픽추(machu picchu)는 페루에 있는 잉카 문명의 요새 도시이다. 15세기에 지어진 것으로 추측된다. 해발 2430m의 안데스 산맥의 산 정상에 위치해 있다. 스페인 군대에 의해 사람들이 죽고 건물은 방치된 채 역사 속으로 사라졌다가 1911년에 발견되었다. 마추픽추는 잉카 건축의 고유한 양식으로 지어졌다. 접착제나 모르타르 등을 전혀 사용하지 않고 돌을 쌓는 방법이다. 그들은 돌의 결을 활

'마추픽추' 는 무슨 뜻일까?

마추(machu)는 고대 잉카어로 오래되었다는 뜻이고, 픽추picchu는 봉우리 또는 피라미드라는 의미이다. 즉, 오래된 봉우리(피라미드)이다.

경이적인 건축물의 도시 마추픽추를 하늘에서 내려다 본 모습

용하는 방법을 알고 있었는데, 반듯한 사각형이 아니라 일부러 불규칙하게 다듬은 돌을 다른 돌의 굴곡에 아귀를 맞추는 방법으로 쌓았다. 굴곡은 자연스럽게 볼트를 끼우는 것과 같은 역할을 했다. 벽은 안쪽으로 약간 기울어 원심력을 완화시켰으며, 벽의 모퉁이를 각지지 않고 완만하게 만들었다. 또한 지상에 솟은 외관만이 건물의 전체가 아니었다. 지하 지반은 진흙과 모래, 왕겨 등으로 공고히 다지고, 그 위에 석재 기단을 깔고 석재 벽을 쌓았다. 이 두 가지 방법은 지진이 많이 발생하는 안데스 산맥 주변의 지질에 현명하게 적응한 것이었다. 지진이 발생하면, 굴곡이 있는 벽돌은 튕겨나가지 않고 서로를 지탱한다. 지하의 지반은 충격을 흡수하는 스프링의 역할을 함으로써 쉽게 무너지지 않았다.

마추픽추의 세부

잉카 건축물에서 벽돌이 서로 맞물려 있는 모습

2. 절대왕정 시기 유럽의 건축

※

– 부와 권력을 건축에 표현하는 것이 최고의 가치가 되다 –

건축의 역사도 다른 영역과 마찬가지로 경쟁의 역사였다. 서로 건축의 주도권을 쥐기 위하여 이전의 것을 거부하고 새로운 것을 창조해 왔다. 로마는 그리스를 극복하기 위하여 자신의 고유한 양식을 만들었고, 르네상스 양식은 고딕 양식을 극복하기 위한 노력의 산물이었다. 이 르네상스 양식에 반기를 든 것이 바로크 양식이었다.

바로크(Barocco) 건축

바로크 양식은 르네상스의 원조인 이탈리아에서 16세기 후반에 먼저 일어났다. 교황청의 권위를 회복하기 위하여 성당의 건축에서 조화와 절제보다는 위엄과 장식을 중요시하는 풍토가 일어났다. 그들은 온화하고 평면적인 벽면을 굴곡이 심하게 만들었다. 굴곡이 심한 외관은 빛에 의해 빛나는 부분과 그림자가 드리운 부분으로 짙은 대비

바로크, 바로크, 많이 들어봤는데 바로크가 뭐야?

바로크(barocco)는 이탈리아어로 불일치, 조화롭지 않은, 덩치만 크고 요란하다는 의미로 이탈리아 인들이 프랑스, 독일, 영국의 궁전 건축을 비하하는 뉘앙스로 쓰였다. 하지만 이상한 것도 주류 양식이 되면 괜찮아 보이듯이 나중에 가면 긍정의 의미로 사용되기 시작했다. 고전적 양식의 특징인 조화와 균형, 절제미를 파격적, 감정적, 동적으로 대체한 양식을 바로크 양식이라 말한다.

를 이루었다. 이러한 효과는 교회를 바라보는 이들에게 극적이고 강렬한 감정이 생기도록 자극했다. 이런 경향은 특히 대중의 신앙심을 증진시키려고 노력했던 예수회 교회에서 두드러졌다. 또한 미켈란젤로의 돔으로 유명한 로마의 성 베드로 성당의 광장에는 이집트에서 가져온 오벨리스크를 중심으로 화려한 원주를 배열한 둥근 회랑을 건설하여 연극이 상연되는 무대 효과가 만들어졌다. 교황이 미사를 집전하는 장면은 경건함을 넘어 극적인 감흥을 불러일으켰고, 이는 많은 신도들을 열광시키는 계기가 되었다.

이제 바로크 양식은 이탈리아는 물론 전 유럽으로 퍼져나갔다. 그들이 바로크 양식을 받아들인 이유는 이탈리아와 달랐다. 이탈리아는

웅장하고 화려한 성 베드로 대성당의 광장

이탈리아 최초의 바로크 건축 양식인 제수 성당

아직 통일되지 못한 채, 여러 도시 공국으로 분열되어 있었지만 유럽의 각국은 통일국가를 이루었다. 그들의 목적은 종교적 부흥이 아니라 왕권의 강화였다. 절대왕정은 르네상스의 인간중심주의에서 벗어나 왕 중심적인 건축물을 만들고 싶어 했다. 그들의 주요 관심사는 시민들에게 왕의 힘을 과시하고 복종하게 만드는 것이었다. 이 당시 유럽의 절대왕정은 한 나라를 넘어 자기보다 수십 배 큰 식민지 땅을 만들 수 있었다. 건축을 위한 자금은 식민지에서 들여온 금은보화와 그곳에서 들여온 특산품의 판매를 독점하는 방식으로 마련했다. 노동력은 왕의 명령으로 민중을 강제적으로 동원했다. 더 크게, 더 화려하게 짓는 것이 목표가 되었다. 흔히 우리가 바로크 양식의 건축이라고 말하는 것은 이탈리아가 아니라 절대왕정 국가였던 서유럽 국가들의 궁중 건축물을 지칭한다.

1.부정적 견해

군주의 전제 정치의 분위기 속에서 태동한 대표적인 건축이 바로크 양식이었다. 르네상스의 조화와 균형은 매너리즘 양식에 의해 의도적으로 파기되었지만 나름대로의 건축미를 지니고 있었다.(매너리즘 참조) 매너리즘의 뒤를 이어 나타난 바로크는 매너리즘을 계승했다고 주장했다. 하지만 지나치게 일탈적이고 극단적이었다. 그 말은 핑계에 지나지 않았고, 오로지 부와 권력을 과시하기 위해 화려하고 사치스러운 것을 추구했다. 지금 유럽에 관광을 가서 보는 바로크의 화려한 궁전들은 사실, 건축의 역사에서 보면 천박한 구조물이며, 무식한 왕들을 위한 공간이었다. 조각과 부조장식은 벽면을 가득 메울 정도로 덕지덕지 붙어있으며, 궁전의 내부는 금으로 장식한 화려한 무늬로 도배되었다. 또한 벽면이란 벽면, 천장이란 천장에는 한 치의 틈도 없이 프레스코화가 그려져 있거나 액자가 걸렸다.

2.긍정적 견해

바로크 건축의 시대인 17세기 18세기의 유럽은 중앙집권적 왕권을 강화하고 식민지를 넓혀 갔으며, 중상주의를 기반으로 도시가 발달하고 시민계급이 부상했다. 사회에는 부가 넘쳐흘렀다. 과학과 철학의 발전은 이전까지 인간이 진리라고 믿었던 것에 회의를 가져왔다. 이런 역동적인 시대 상황을 반영한 것이 바로크 양식이었다. 새로

이보다 더 화려할 수는 없는 바로크 건축! 보고 있으면 현기증이 생긴다.

베르사유 궁전의 외관

베르사유 궁전의 내부

상트페테르부르크의 에르미타주 궁전

운 수학적 발견으로, 사람들은 이제 건축에서 기하학적 비례와 조화를 실현한다는 것이 불가능함을 알게 되었고, 이런 실망은 건축을 대하는 방식을 근본적으로 바꾸어 놓았다. 그 대안은 표현하고 싶은 내적 욕구에 더 충성하는 것이었다. 바로크가 그저 요란하다는 주장은 편견이었다. 바로크를 추종하는 사람들의 관점에서 보면, 이전의 양식은 너무 얌전하고 소박했다. 바로크는 이런 사회적 변화 속에서 나타난 자연스런 현상이며, 그 운동은 건축을 중심으로 이루어졌다. 회화, 조각, 공예 등 모든 분야가 건축에 종속되고, 건축 양식에 융합되었다. 바로크 건축은 자신에 맞는 장식적 요소를 더욱 더 필요로 했던 것이다. 이에 따라 바로크 양식의 건축물은 구조와 장식 면에서 끝도 없는 화사함을 추구했다. 바로크는 르네상스와 비교해서 건축의 규모가 훨씬 방대함은 물론, 곡면의 형태를 자유자재로 구사함으로써 역동적이었고, 단순한 공간을 배격하고 복잡하고 오밀조밀한 공간을 창출했다. 그 복잡함을 아름다움이라고 생각하며 즐겼다. 거기에 금빛의 현란한 효과까지 가미되어 화려함은 극치에 달하게 되었다. 바로크 건축 양식은 그 시대의 전 유럽을 매료시켜 멀리 러시아까지 뻗어나갔다.

로코코(Rococo) 건축

바로크의 유행을 통하여, 유럽의 중심은 이탈리아에서 알프스 이북의 유럽으로 넘어갔다. 그 중에서도 17세기 후반의 루이 14세 통치하의 프랑스는 가히 유럽 문화의 중심이 되었다. 영국, 독일뿐만이 아니라 멀리 떨어진 러시아의 왕족과 귀족들은 프랑스풍이라면 무엇이든 동경했다. 건축의 모방, 의상의 수입뿐만이 아니라 일상에서도 모국어를 천시하고 프랑스어를 쓸 지경이었다. 프랑스 요리사를 고용하고, 식재료도 파리에서 싣고 왔다. 바로크 양식은 이탈리아에서 프랑스로 들어와 만개했고, 처음에는 휘황찬란한 궁궐이 건축되었으나, 시간이 흐르면서 약간의 변화를 겪게 되었다. 변용이란 과도한 화려함, 장중함을 귀여운 느낌으로 전환시키는 것이었다. 그 변화에는 우후죽순처럼 생겨나는 귀족의 저택도 한몫했다. 귀족의 저택이 궁궐처럼 마냥 위풍당당할 필요는 없었다. 이렇게 바로크가 귀여운 느낌으로 변화된 양식을 로코코 양식이라고 한다.

  루이 15세 통치기에 로코코는 프랑스에 유행처럼 번졌다. 당시 국왕의 이름을 따서 루이 15세 양식이라고도 불렀다. 로코코 양식은 구조적으로는 바로크 양식과의 별 차별성이 없었다. 동일한 구조에 수놓아지는 장식적인 차이였다. 그들이 보기에 딱딱한 바로크 무늬를 우아하고 섬세한 로코코 무늬로 대체했다. 그들은 저택과 방을 아기자기하고 로맨틱하게 치장

로코코(rococo)는 어디서 온 말이야?

이 명칭은 후대에 건축연구자들이 붙였다고 한다. 이 시대의 건축이나 장식품에는 부드럽고 우아한 조개껍질의 곡선 무늬가 유행처럼 사용되었다. 프랑스어 조개껍질 무늬(style de rocaille 로카이유, 조개껍질)에서 온 말이라고 하는데, 사실 믿거나 말거나! 보는 사람에 따라서는 물결의 곡선무늬라고 생각할 수도 있는 주관적인 느낌이다.

하는 것에서 행복을 느꼈다. 로코코는 섬세함이 지나쳐 가볍고 경박하기까지 했다. 사교적이고 유혹적이었다. (유럽 영화에서, 귀족의 저택에 사람들이 모여 모차르트의 음악을 들으며 쌍쌍으로 춤을 추는 장면을 생각하면 된다.) 부드럽고 여성적이지만 동시에 변덕스럽고 천박한 느낌이 들 정도로 과장되기도 했다. 귀엽지만 너무 자잘하여 정신이 없었다. 이처럼 로코코는 르네상스나 바로크처럼 중요한 건축 양식이 아니라, 바로크와의 동일한 구조 속에서 변형을 가미한 한때의 장식적 유행이었다. 따라서 로코코는 파리를 중심으로 일어나, 프랑스와 인접한 독일과 오스트리아, 스위스에서 잠시 유행했으나 다른 지역에는 별 영향을 끼치지 못했다.

로코코 양식의 전형적인 예

독일 포츠담의 상수시 궁전의 외관과 궁전의 방

예카테리나 궁전

거울과 창, 예카테리나 궁전의 내부

제 6 장
근대와 현대

19세기 ~ 현재
- 건축의 양식은 다양하게 변화를 거듭했지만, 역설적으로 건축에
  대한 근본적 물음이 생기다. 우리는 무엇을 위하여 집을 짓는가? -

: 개요

이전에는 하나의 건축 양식이 천 년 또는 수백 년을 지속했다. 그러나 근대와 현대에 이르러 하나의 건축 양식은 수십 년을 지속하지 못했다. 어떤 양식은 수십 년도 길다. 하나의 건축물이 무슨 양식이라는 이름을 얻고 곧바로 사라지기도 했다. 이제 양식(style)은 오랜 기간의 고민 속에서 자연스럽게 태동하는 것이 아니라, 누군가의 건축을 반대하기 위해 만들어지기도 한다. 현대로 올수록 건축에 양식이라는 이름을 붙이기 곤란해진다. 자신만의 개성을 부각시키기 위하여 양식은 뒤섞이고 해체되었다. 이제 건축가 각자가 하나의 양식을 갖는다. 그러나 찬찬히 뜯어보면 그런 유명한 건축물들이 모두 혁명적이지는 않다. 말 그대로 '양식을 위한 양식'의 경연장이 되었다. 이런 상황 속에서 건축가들 사이에는 근본적 물음이 생겼다. 인류는 왜 집을 짓는가. 무엇을 위해 집이 필요한가. 누구를 위해 집이 필요한가. 현재 인류에게 긴급히 던져진 과제를 살펴보자.

1. 근대

19세기 초반 ~ 19세기 후반
- 다양한 건축의 양식이 유럽 전역의 다양한 지역에서 발생하다. -

건축의 역사는 유행과 반대를 반복해왔다. 중세의 고딕을 반대한 르네상스가 융성했지만, 절대왕정의 영향으로 르네상스의 정신은 뒤로 물러나고 바로크, 로코코 같은 군주와 귀족 중심의 양식이 유행했다. 18세기, 바야흐로 절대왕권에 맞서 인간의 존엄성을 주창한 계몽사상이 유럽 전역에 발생하기 시작했다. 계몽사상은 종교와 형이상학(추상적인 철학)에 맞서 상식, 경험, 과학을, 권위주의보다는 개인의 자유를, 특권층을 위한 교육보다는 만인을 위한 평등한 교육을 주장했다. 그들은 만인의 이성이 특권계급의 사상보다 더 우월하며, 민중이 역사의 주인이라고 말했다. 그들은 인간의 존엄성, 평등, 자유를 설파하고 그때까지 유럽 사회를 지배했던 신학과 절대군주의 족쇄를 끊어버리기 위해 노력했다. 마침내 자유, 평등, 박애를 기치로 프랑스 대혁명이 일어났다. 루이 16세는 단두대의 이슬로 사라졌고, 인류 최초로 공화정이라는 새로운 형태의 정부가 성립되었다. 공화정이란 왕 개인

흥미로운 사실, 르네상스와 신고전주의의 차이

르네상스 양식과 신고전주의 양식은 모두 그리스 로마 양식을 원형으로 한다. 하지만 르네상스 양식은 원형을 창조적으로 변형시키는 것을 주저하지 않았지만(미켈란젤로 참조, 정신을 계승한다는 말이지 모양을 그대로 모방한다는 뜻은 아니다), 신고전주의는 그리스 양식을 답안지처럼 정밀하게 재현하는 것을 최고의 덕목으로 여겼다.

이 아니라 국민이 만든 정부가 법으로 국가를 다스린다는 뜻이었다. 로마시대에도 공화정이라는 형태가 있긴 했지만, 소수의 집단이 국가를 좌지우지하기는 마찬가지였다. 이 프랑스 혁명은 전 세계에 영향을 미쳤다. 극소수의 나라를 제외하면, 현재 지구상의 각 나라의 정부형태는 프랑스 혁명의 정신에서 유래했다. 단지 대통령중심제인가, 내각제인가, 입헌군주제인가의 차이만 있을 뿐이다. 계몽주의 정신은 건축에도 적용되었다. 그들은 바로크, 로코코의 군주적, 특권적, 요란한 양식을 거부하고 보다 절제된 이성적인 건축을 선호했다. 이성적인 건축이란 당연히 그리스 건축 양식과 로마 건축 양식, 그 정신을 잇는 르네상스였고, 다시 반복되는 이 양식을 신고전주의라고 부른다. 신고전주의란 고전주의(그리스 로마)와의 시간적 구별을 하기 위해 쓰는 말이다.

신고전주의(Neo-classicism) 건축

바로크, 로코코에 대한 반감으로 18세기 전반기에는 그리스 고대 유적에 대한 대대적인 발굴이 진행되었고, 고고학적 연구가 대단한

신고전주의의 대표적인 건축물들, 군더더기 하나 없는 정확한 배치를 생명으로 한다.

무엇을 하나 첨가하거나 빼기라도 하면 전체의 균형과 조화가 우르르 무너져 내릴 듯,
치밀하게 구조화되어 있다.

오데옹(l'odeon) 극장, 프랑스 파리

베르사유 궁전 내의 프티 트리아농(petit trianon)

생 쉴피스(saint sulpice), 파리

파리 루브르 궁전의 동쪽 건물(east wing)

성과를 거두었다. 이 연구는 남아있는 건축물들의 외관에 대한 연구
뿐만 아니라, 건축의 토대의 과학성, 알려지지 않았던 그리스 시대의
건축을 세상에 드러나게 했다. 1764년, 독일의 요한 빙켈만은 유적을
연구한 고대 예술사를 저술하여 고전부흥운동의 이론적 근거를 제공
했다. 이 학문적 고증과 해석은 르네상스 시대와는 다른 건축에 대한
해석을 가능하게 만들었다. 단지 그리스 인본주의 정신으로의 회귀가
아니라, 그리스의 건축은 시대를 초월하는 것, 인간이 구상할 수 있는

미의 최고봉, 절대적 미라는 확신이었다. 그들이 보기에 그리스 건축의 아름다움은 철학자 플라톤이 이데아(idea, 이상적인 것 또는 절대적인 것)라고 지칭한 것이 실현된 것이었다. 신고전주의자들은 자로 잰 듯이 그리스와 로마 건축을 모방, 재현했다. 그것은 단순하고, 기하학적이며, 더도 덜도 아닌 완벽한 균형과 비례를 구현한다고 생각했다. 중세(고딕)와 절대왕정(바로크, 로코코)의 광기 어린 건축에 염증을 느낀 나머지 숙연하고 침착한 아름다움을 탐닉하게 된 것이다.

낭만주의(Romanticism) 건축

그러나 신고전주의는 곧바로 반발에 직면했다. 낭만주의자들이 보기에 신고전주의는 인간의 자유로운 감정을 억압하는 것으로 해석되었다. 고전의 복원에 골몰한 나머지 신고전주의 건축은 당시의 삶과 동떨어진 것처럼 보였다. 그들에게 그리스 양식은 거리상으로나 시대상으로나 그저 이국적이었다. 19세기 낭만주의 음악의 대가인 베토벤의 음악처럼, 건축도 인간의 풍부한 상상력, 감정을 고양해야 한다고 주장했다. (베토벤의 운명 교향곡은 낭만주의 음악을 대표한다.) 그들은 자기 민족의 생활, 관습, 정서, 전설과 신화에 관심을 기울였고, 기이한 건축이라고 신고전주의자들에게 무시당했던 고딕 양식을 부활시키기에 이르렀다. 그들이 보기에 고딕은 야만적이고 기괴한 것이 아니었다. 원래 고딕은 이탈리아인들이 게르만족의 일파인 북유럽의 고

영국의 낭만주의 건축

영국 국회의사당, 런던, 1835~60년, 고딕 양식을 재현한 건물

프랑스의 낭만주의 건축

피에르 퐁 성, 1858년

오스트리아의 낭만주의 건축

보티브 성당, 비엔나, 1853~79년

독일의 낭만주의 건축

쾰른 성당, 울름성당

트족을 비하하여 쓴 말이었고, 고트족의 후예는 다름 아닌 독일 민족 자신이었던 것이다. 그런 뿌리를 갖고 있는 그들이 고딕을 재평가하는 것은 당연한 일이었다. 이렇게 낭만주의 건축 운동은 프랑스보다는 독일, 영국 등에서 활발하게 진행되었다. (알고 보면 건축도 세력 싸움이다.)

절충주의(Eclecticism) 건축

이렇게 신고전주의와 낭만주의는 서로 반대의 방향으로 달려갔다. 그 극단적인 양식에 대한 우려로 이번에는 절충주의 건축 양식이 나타났다. 절충주의자들은 말 그대로 특정 양식에 구애받지 않고 좋은 것을 취합하여 나름의 형식을 만들어냈다. 그리스 로마 양식을 교과

프랑스의 절충주의 건축

프랑스는 낭만주의보다는 신고전주의 건축이 발달하였으므로 그리스, 로마양식을 기본으로 바로크적 화려한 장식을 한 절충주의 건축이 성행했다.
샤를르 가르니에 (Charles Garnier, 1825~98년)의 파리 오페라 하우스(파리, 1861~74년). 정면의 모습은 그리스 로마 양식의 특징이, 측면의 모습은 바로크 양식의 특징이 드러나 있다.

서처럼 재현한 신고전주의의 틀에 고딕과 낭만주의 건축 양식의 장식을 결합했다. 일면 어색해 보이는 이 종합은 뜻밖의 미를 창출하기도 했다. 절충주의자들은 이탈리아, 프랑스의 바로크 양식도 빌려왔으며, 지중해를 건너 아시아의 건축에도 관심을 기울였다. 그들은 이교도의 건축이라는 낡은 편견을 과감히 버리고, 그 건축물들의 독창성과 과학성을 높게 평가했다. 그리고 어울릴 것 같지 않은 요소를 과감히 수용하기도 하였다. 그 건축 양식은 비잔틴, 페르시아 양식으로 지난 1,000년 동안 유럽인들이 무시했던 문화였다. 각 요소들을 취합하는 결정은 건축예술가 고유의 권한이었다.

이제 건축을 바라보는 관점이 달라졌다. 이전까지는 어떤 양식이

영국의 절충주의 건축

존 나쉬 (John Nash, 1752~1835년)의 로얄 파빌리온, 브라이튼 1818~21년

존 프란시스 벤트리(John Francis Bently, 1839~1902년)의 웨스트민스터 성당,
런던, 1895~1903년

독일의 절충주의 건축

이탈리아 르네상스 양식을 기본으로 한 신 르네상스 양식인데, 조화와 균형을 파기하는
장식적 요소가 위에 설치되어 있다.

고트프리드 젬퍼 (Gottfried Semper, 1803~79년)의 국립 오페라 하우스, 드레스덴,
1837~41년

고트프리드 젬퍼 (Gottfried Semper, 1803~79년)의 부르그 극장, 비엔나,
1873~88년

사회적으로 유행하면 건축가는 그 양식을 따랐다. 변형이 있긴 했지만, 어디까지나 양식의 규칙 안에서 한계가 있을 수밖에 없었다. 예를 들면, 천하의 미켈란젤로라도 르네상스 양식 자체를 거역할 수는 없었다. 그러나 이제 사회적 양식보다는 개인의 종합능력, 심미안이 더 중요해졌다고 할 수 있다. 건축가의 이름과 건물의 명칭이 동시에 중요시되었다. 그런 이유로 각 나라의 절충주의 건축은 성격이 많이 달랐다. 무엇을 어떻게 종합하는가 하는 선택과 의도가 나라마다 달랐기 때문이다. 사실, 절충주의 건축은 정체를 알 수 없다. 정확히 어떤 요소가 어느 건축 양식에서 유래한 것인지 추출해낼 수 없는데, 그 이유는 그 요소조차 변형된 모습으로 사용되어 있기 때문이다. 절충주의에서 중요한 것은 전체적인 분위기이고, 그런 이유로 묘한 독창적인 아름다움이 느껴진다.

보자르(Beaux-arts) 건축

보자르는 아름다운 예술(beautiful arts)이라는 뜻이다. 예술은 원래 아름다움을 추구하는 것인데, 굳이 아름다운 예술이라고 칭한 이유는 앞선 양식인 낭만주의와 절충주의에 대한 반감 때문이었다. 보자르 건축을 지향하는 사람들은 아카데미즘을 추구하는 사람들이었고, 실제로 보자르는 프랑스의 보자르(beaux-arts) 예술학교에서 탄생했다. 그들에게 앞선 두 양식은 볼썽사나운 건물로 보였다. 그들은 다시 그

팔레 가르니에palais garnier의 내부, 1860-1875, 파리

CEC palace 뷰카레스트, 1897-1900, 루마니아

그랑 팔레 grand palais, 1900, 파리

중앙 터미널grand central terminal, 뉴욕

리스 로마 시대의 양식에 르네상스 양식을 가미한 고전주의로의 회귀를 시도했다. 쉽게 말하면 낭만주의 이전의 신고전주의의 반복이었다. 보자르 건축의 특징은 질서와 대칭을 중시하고, 보수적이고 의례적인 디자인을 선호하며, 세밀한 장식이 존재하긴 하지만 전체적으로 보면 대리석의 질감이 표현하는 단순미, 웅장함을 즐겼다. 이 양식은 규모의 장엄함을 과시했기에 기관의 위세를 나타내는 박물관, 은행, 도서관, 기차역, 법원, 정부청사 등에 사용되었다. 좋게 말하면 품위 있고 우아한 것이지만, 비판적으로 말하면 권위적인 양식이었다. 이미

유럽건축의 계보

그리스 로마 양식 → 비잔틴 양식 → 중세 고딕 양식 → 르네상스 양식 → 매너
리즘 양식 → 바로크 양식 → 로코코 양식 → 신고전주의 양식 → 낭만주의 양
식 → 절충주의 양식 → 보자르 양식 → 아르 누보 양식

20세기를 목전에 두고 있고, 인류의 사고는 종교나 왕으로부터 자유
로워졌지만, 옛 교회가 맡았던 역할을 공공기관이 대신 수행하고 있
었던 것이다.

지금까지의 유럽 건축의 역사를 복습해 보자. 역사도 돌고, 건축의
양식도 돌고 돈다. 서양 건축의 역사를 크게 보면 하나가 유행하면 그
반작용으로 반대의 양식이 생기고, 또 그것에 대한 반감으로 이전의
것이 반복되는 규칙이 있다. 물론 중간중간에는 자잘한 것이 섞여 있
기는 하지만 말이다. 언제나 원점은 그리스 로마 양식에 있고, 그것을
중심으로 좌충우돌한다. 모두가 자신의 아름다움을 갖고 있고, 어느
것이 더 좋다고는 할 수 없다.

아르 누보(Art nouveau) 건축

드디어 인류의 건축역사에서 가장 새롭고 혁신적인 건축이 도래했
다. 아르 누보(art nouveau)는 프랑스어로 새로운 예술(new art)이란

뜻이다. 이 운동은 회화, 조각, 공예, 건축 등 모든 분야에서 동시에 일어났다. 아르 누보의 최전성기는 19세기 말에서 20세기 초였다. 프랑스 혁명을 거쳐 계몽주의 사상으로 무장한 시민 부르주아 계급은 산업혁명으로 인하여 엄청난 부까지 소유하게 되었다. 사회의 주류를 형성하게 된 그들은 기존의 낡은 체제에 대해 거부감을 가졌다. 정치뿐만이 아니라 예술에서도 그런 생각이 주류를 이루었다. 그들이 반감을 가진 예술사상은 아카데미즘(제도교육)이었다. '예술(건축)은 이 원칙을 벗어나면 위험해, 예술(건축)은 일반인과 분리되어 있는 고귀한 그 무엇이야, 학교에서 교수가 가르치는 것만이 예술(건축)이야, 건축에는 정해진 재료를 써야 해.' 바로 이런 틀 안의 예술(건축)을 배격했다. 그들은 아름다움과 생활의 결합, 예술과 인간의 결합, 자연과 기술의 결합, 주변에서 볼 수 있는 모든 재료의 사용 등, 관습을 뒤집는 혁신적인 건축을 지향했다. 또한 그때까지 관심을 두지 않았던 여성적이며 자연적인 요소, 덩굴식물, 백합, 이국적인 모양의 꽃과 식물, 물결의 무늬, 흩날리는 여성의 머릿결, 대지의 우아한 곡선, 생동감과 생명력이 흘러넘치는 불꽃의 추상적인 선 등을 과감히 사용하였다. 이러한 경향은 수십 년 동안의 단기간에 전 유럽으로 확산되었다. 특히 생활 공예품이나 장식품에 대한 대중의 호응은 열광적이었다. 그러나 아쉽게도 바로 쇠퇴기를 맞이하며 더 지속되지는 못했다. 그 이유는 대량 생산이 불가능하다는 점에 있었다. 공장에서 찍어내는 예술품은 단순해야 했는데, 아르 누보는 복잡한 모양과 무늬를 추구했고, 그마저도 심미적인 것이었기에 예술가 개인의 손재주에 의지해야만 했기 때문이었다. 손수 제작하는 핸드메이드 작품이었던 것이다. 건축도 마찬가지로, 대량으로 주택을 짓기 위해서는 구조가 아파트처럼 획일적이고 단순해야 했지만, 아르 누보 건축은 집 하나하나의 구조와 모양이 독특하고 달랐다.

아르 누보의 대표적 건축가 또는 유럽 역사상 가장 위대한 건축가 안토니 가우디!

안토니 가우디를 단지 아르 누보의 대표적 건축가라고 칭하는 것은 그에 대한 실례다. 그는 전 서양건축사를 통틀어서 미켈란젤로만큼이나 천재적인 사람이었다. 아마도 미켈란젤로보다 더 천재적인 인간이었는데, 그 이유는 미켈란젤로마저도 르네상스라는 특정 양식을 계승했기 때문이었다. 안토니 가우디는 건축의 역사, 양식 자체를 전복한 유일한 사람이었다. 건축은 문명의 산물이었다. 인간은 자연을 정복하고 위대한 건축을 함으로써 문명의 우월함을 과시했다. 인류는 수천 년, 수만 년 동안 이런 경직된 생각을 당연한 것으로 받아들였다. 안토니 가우디의 건축은 이 사고를 전복해버렸다. 자연보다 문명이 우월한 것이 아니라, 문명이 자연의 일부분이라는 생각이었다. 자유롭고 기상천외한 꿈을 표현한 성당, 고루한 문명의 법칙을 파괴한 건물의 구조, 자연의 생명을 이식한 아파트와 도시 공원, 저택, 공공기관이 만들어졌다. 그의 작품을 보고 있노라면 진정한 해방감을 느낀다. 사람들은 문명의 획일성 속에서 탈출하여 환호했지만, 이런 경향은 오래 지속되지 못했다. 자본주의가 원하는 대량의 건축이 불가능했기 때문이었다. 또한 아카데미즘 미학(관습적 예술관)에 빠진 건축학자들은 가우디를 몽상가처럼 취급했다. 그들은 자기들이 가진 건축의 주도권을 뺏기고 싶지 않았던 것이다.

해방감이 충만한 가우디의 건축물은 모두 축구의 도시 바르셀로나에 있다. 언젠가는 그곳으로 떠나 가우디의 숨결을 느껴보자.

안토니 가우디의 구엘 공원 전경 전경, 1900, 바르셀로나, 스페인

안토니 가우디의 구엘 공원 세부, 1900, 바르셀로나, 스페인

아파트 카사 칼베트, 1898~1904

아파트 카사 바트요, 1904~1908

아파트 카사 밀라, 1906~1910

성 가족 대성당(사그라다 파밀리아), 1918, 바르셀로나, 스페인

2. 현대

20세기 ~ 현재
- 기능성을 중심으로, 가장 특이하게, 자신만의 개성을 부각하라. 그런데 그 끝은
어디인가? 결국 건축에 대한 근본적 물음이 생기다. -

20세기에 들어서 세계 각국의 공업화는 급격히 실현되었다. 그러다가 제1, 2차 세계대전으로 유럽은 폐허가 되었지만, 미국은 자국 내에서 전쟁을 하지 않은 관계로 산업시설의 파괴가 없었다. 이렇게 1, 2차 세계대전은 미국이 세계 최강대국의 위치를 차지하는 계기가 되었다. 바야흐로 미국은 몰락한 유럽을 대신하여 세계의 경제, 정치의 중심이 되었다. 자연스럽게 서양 건축의 주도권은 미국으로 넘어갔다. 건축은 항상 세계 최강대국에서 새로운 양식을 꽃피웠고, 다음 강대국에게 그 자리를 양보하며 융성과 쇠락을 반복해왔다. 이 시기에 대두된 고민은 산업화의 시대에 맞게 기능성을 극대화하면서 건축의 아름다움을 어떻게 유지할 것인가의 문제였다. 이제 건축은 상업적, 산업적이었다. 대형 백화점, 사무실이 수백 개 필요한 대형 빌딩, 인구가 밀집된 도시의 거주 공간인 아파트 단지 등의 건설은 이제까지 인

류가 경험해보지 못한 문제였다. 그런 경제적인 이유로, 대부분의 건축은 효율적으로 물건을 파는 곳, 그저 잠을 자는 곳, 돈을 벌기 위해 업무를 보는 곳 등의 기능성만을 생각할 수밖에 없었다. 그 와중에도 아름다움을 포기하지 않으려는 건축가들의 고민은 곳곳에서 나타났다. 기능성에 아름다움을 접목시키는 것이었다. 이 과제는 예전처럼 쉽지 않았다. 최소의 비용으로 최대의 효과를 내는 것이 이 시기 건축의 특징이었고, 시각적 아름다움을 위한 투자는 쓸데없는 것으로 간주되었다. 이제 건축은 성냥갑처럼 획일화되었고, 특이하다고 할 수 있는 건축물은 획일성 속에서 간간히 나타나게 되었다.

개런티 빌딩(guaranty building), 버펄로, 미국

칼슨, 피리에, 스콧 백화점(carson, pirie, scott and company building), 시카고, 미국

기능성과 아름다움 사이에서.

우리는 원시시대부터 현대까지 대표적인 건축 양식을 탐구했다. 처음부터 끝까지 건축은 모순된 두 가지 문제를 결합하는 과정이었다. '기능성과 아름다움' 또는 '기술과학과 예술.' 어느 시기는 기능성이 더 중요했고, 어느 시기는 아름다움이 더 중요했다. 그러나 언제나 두 가지의 조화를 이루어내려고 했던 것이 건축의 양식이었다. 현대 건축의 태동에 큰 영향을 미친 미국의 건축가인 루이스 설리반louis sullivan(1856 - 1924)에 의해 이 문제가 다시 대두되었다. 그가 보기에 유럽의 건축 양식은 오랜 기간 동안 기능성보다는 외관의 아름다움에 더 집착한 것처럼 보였다. 이제 세계의 중심은 미국으로 옮겨왔고, 그는 세상의 중심에서 이런 격언을 던졌다.

'형태는 기능을 따른다. form follows function.'

그의 말은 단순히 기능만이 중요하다는 것이 아니다. 루루이스 설리반의 건축을 보면 그의 말을 이해할 수 있다! 그의 건축은 단순히 기능성만을 추구하는 것이 아니라, 새로운 현대적 아름다움을 추구한다. 이 건물들은 이제 유럽의 양식으로부터 완전히 독립한 것처럼 보인다.

a) 초기 유럽의 현대 건축: 1900~1960

그러나 유럽은 여전히 고전주의(그리스 로마 양식)와 반고전주의 대립을 반복하고 있었다. 그리스 로마 양식은 유럽인의 영혼의 샘이었지만 동시에 유럽인이 영원히 빠져나오지 못하는 늪과 같았다. 그로부터의 해방은 다른 대륙(아메리카)에 의해서만 가능했다. 20세기에 접어들면서 유럽에서 태동한 새로운 건축 양식은 표현주의였다.

표현주의 건축(Expressionism Architecture)

표현주의 건축은 말 그대로 건축이 인간의 억눌린 감정을 표현해야 한다는 운동이었다. 반짝 전성기를 누렸던 아르 누보(Art nouveau)의 시기가 끝나고 전쟁의 암운이 유럽을 휘감았다. 산업화의 열매는 모든 사람들에게 골고루 나누어지지 않았고, 빈부의 격차는 심해졌다. 자본주의는 소수의 지배자가 다수의 민중을 지배하는 형태로 나아갔다. 영국, 프랑스, 독일, 이탈리아 등 유럽의 강대국은 전쟁을 위해 무장에만 힘쓰고 있었다. 미래에 대한 불안 속에서, 모든 예술을 포함하여 건축이 고전적 아름다움타령이나 하고 있는 것은 기만적이었다. 표현주의 예술(건축)가들은 인간의 광기, 억눌린 감정의 해방, 자유와 평등의 가치 등을 중요시했다는 점에서 낭만주의 건축의 정신과 일맥상통했다. 그런 이유로 그들은 제국주의 국가의 폭압적 정치 체제 속에서 탄압을 받았다. 나치 독일 하에서는 많은 표현주의 예술가(건축가)들이 나치에 저항하는 최전선에 있었고, 투옥당하거나 사형을 당했으며, 다른 나라도 마찬가지였다. 이 운동은 1, 2차 세계대전을 전후한 당시의 암울한 사회에 맞선 예술적 투쟁이었다.

아인슈타인 타워, 1919~1922,
에리히 멘델손

글래스 파빌리온(유리 궁전), 1914,
브루노 타우트(1914년 쾰른 박람회
전시 후 철거)

괴테아눔, 1924~1928,
류돌프 슈타이너

표현주의 건축의 특징

그들은 고착화된 지배체제의 기만성을 폭로하고 싶어 했다. 정서적 충격을 위해 형태를 왜곡하는 방법을 사용했다. 정확한 비례와 균형은 의도적으로 무시되었다. 사실적 모양보다는 내적 상상적 환상에 더 가치를 두었으며, 동굴, 산, 번개, 바위, 수정 등의 자연물을 환기시켰다. 아르 누보가 꽃, 나무, 물결 등의 여성적이고 화려하며 우아한 요소를 사용한 것에 비해 이들의 자연물은 광물적이었다. 그들은 우아하지만 지루한 고전주의보다는, 기이하지만 열정적인 고딕의 정신에 더 가치를 두었고, 그리스 로마 양식보다는 인도, 이슬람, 아프리카의 무어족, 이집트 등의 건축으로부터 많은 것을 차용했다. 기존 유럽 체제에 대한 의도적인 저항이었다.

아르 데코(Art deco)

아르 데코를 직역하면 장식적 예술이란 뜻이다. 아르 데코는 불과 수십 년 전에 나타났다 사라진 아르 누보의 정신을 반복했다. 그러나 장식의 성격은 판이하게 달랐다. 아르 누보가 자연에 그 원형을 두고 부드러움을 추구했다면 아르 데코는 보다 문명적인 것, 선, 도형, 기하학적 문양과 대칭을 즐겨 사용했고, 마야, 이집트, 인디언의 문양, 태

엠파이어스테이트 빌딩, 1931, 뉴욕, 미국

크라이슬러 빌딩, 1930, 뉴욕, 미국, 크라이슬러 빌딩 로비의 장식과 무늬

양광선의 이미지 등, 이국적이고 눈에 보이지 않는 현상 등을 문양으로 사용했다. 재료도 광범위했다. 이전까지는 굳이 건축의 재료로 사용하지 않았던 플라스틱, 알루미늄, 스테인레스 등이 과감히 사용되어 재질의 반짝임으로 황홀함을 선사했다. 이 모든 것을 단순화하여 말하자면, 아르 누보와 아르 데코는 자연의 형상과 문명의 형상으로 대비될 수 있다. 아르 데코 양식은 1920년대 유럽에서 생겨나 1930년대에 정점에 달했고, 그 절정을 이룬 곳은 유럽이 아닌 최첨단의 산업국가인 미국이었다. 아르 데코의 문명 지향적 장식을 생각하면 미국인들이 이 양식을 선호한 것은 당연한 결과였다. 크라이슬러 빌딩(1930), 엠파이어 스테이트 빌딩(1931), 그 외의 수많은 마천루, 헐리우드의 파라마운트 극장, 그 외의 많은 스튜디오와 극장에 이 양식이 유행했다. 그러나 오래 지속되지는 못했다. 지나치게 장식적이었고, 곧이어 나타난 세계 대공황의 빈곤은 화려한 양식에 대한 대중의 거부감을 불러일으켰다.

국제주의 양식(International style)

수많은 건축 양식이 단기간에 나타나고 사라지기를 반복하면서 건축가들의 불만이 쌓였다. 예전에는 하나의 건축 양식이 유행하면 1000년 또는 100년 이상 지속되었으나, 이제 지속 시기는 기껏해야 수십 년이었고, 그마저도 이 나라 저 나라에서 동시다발적으로 다른 양식이 태동하고 사라졌다. 배우다 보면 이미 다른 것이 유행했다. 또 하나의 문제는 국제주의자들이 생각하기에 건물에 기능적으로 쓸데 없는 장식이 너무 많다는 것이었다. 지구는 점점 하나가 되어갔다. 늘 어나는 인구를 감당하려면 건축은 대규모로 빨리 완성되어야 했다. 학교, 공공건물, 사무실, 오락시설, 상가 등이 예전과는 비교도 할 수 없을 정도로 많이 필요했다. 그래서 나타난 것이 국제주의 양식이었 다. 국제주의를 주장하는 사람들은 용도에 맞게 건물의 재료와 건설 규칙, 건물의 구조를 정했다. 이 재료와 규칙은 세계 어느 곳에서나 공통적으로 적용될 수 있었다. 주재료는 대형 건설을 가능하게 하는 철근 콘크리트와 유리로 구성되었다. 국제 표준이 생긴 것이다. 이는 현대의 건축에도 그대로 적용된다. 이제 설계는 A나라의 사무실에서 하고, 재료는 B나라에서 수입하며, 노동자는 C나라에서 충당하고, 건 물은 D나라에 지어도 아무 문제가 발생하지 않는다. 모두 국제 표준 을 지키고 있다. 이것은 건축에 소요되는 시간과 자금을 절약하게 만 들었다.

국제주의 양식에는 아름다움이 없이 오로지 기능에만 충실했을까?

그렇게 생각한다면, 아름다움에 대한 편견이라고 할 수 있다. 국제 주의 양식은 건물 외관의 변덕스러운 장식을 배제하고 건물 몸체의 부피감을 강조했다. (사람으로 치면 몸을 가리기 위해 덕지덕지 뭔가를 걸치 고 모자를 쓴 패션이 아니라, 몸매가 드러나도록 단순하게 입는 방식.) 또한

국제주의 양식을 태동시킨 독일 예술학교 바우하우스

한국의 국제주의 양식 한국예술종합학교의 건물

단순한 수직과 수평의 규칙적 만남을 통하여 독특한 미학을 실현했다. 실내도 곡선을 배제하고 직선을 사용하여 공간의 사용을 극대화하고, 대형 유리를 통하여 밖과 연결되는 개방성을 추구했다. 이 유리는 단지 커튼을 칠 때만 밖과 분리될 수 있었다. 개방성과 빛은 인간의 은

밀함보다는 밝은 이성을 강조했다. 국제주의 양식은 단순하고, 합리적이고, 기능적이고, 표준적이었다. 또한 그것이 그들의 미학이었다. 이는 소수 예술가의 심미안을 충족시키는 건축이 아니라, 산업화의 시대에 만인을 위한, 민중을 위한 아름다운 건축이었다고 할 수 있다.

b) 후기 현대 건축: 1960년대 ～ 현재

초강대국 미국을 중심으로 세계는 하나가 되어갔다. 지구촌이 하나가 된다는 것은 경제적 효율성 측면에서는 좋았지만 각 대륙, 각 나라의 개성은 사라지게 되었다. 세계 어디에나 비슷비슷한 빌딩, 학교, 상가, 교회(가톨릭 성당이 아닌 기독교 교회), 공공건물이 세워졌고, 간판을 보지 않는다면 어느 나라인지 구분이 되지 않을 정도에 이르렀다. 이 현상은 위에서 살펴본 국제주의 양식의 문제라기보다는 획일주의의 문제였다. 국제주의 양식은 만인을 위한 건축을 지향했고, 건축으로서의 예술적 개성이 있었다. 새로 등장한 획일주의는 오로지 자본의 이득만을 계산한 건축이었기에 몰개성적이고 비인간적이었다.

그럼 난관에 부딪친 건축 양식의 해결책은 무엇이었을까? 지금까지의 서양 건축의 역사처럼 그리스 로마 양식을 기원에 두고, 고딕, 비잔틴, 르네상스, 매너리즘, 바로크, 로코코, 신고전주의, 낭만주의, 보자르, 아르 누보, 표현주의, 아르 데코, 국제주의 같은 서양의 건축 양식을 또 반복해야 할까? 곰곰이 생각해보자. 그것은 세계 건축의 역사가 아니었다. 15세기의 대항해 시대에 유럽 제국은 다른 대륙을 침략했다. 식민지 건설과 함께 유럽의 역사는 세계의 역사가 되었고, 유럽의 건축이 세계의 건축 역사가 되었다. 더 엄밀히 말하면, 유럽 중에서도 제국주의 나라, 영국, 프랑스, 이탈리아, 스페인, 독일 등의 강대국이었고, 유럽 변방의 대부분의 작은 나라들은 자신의 건축을 망각하고 있었다. 이처럼 건축가들은 당연한 것으로 받아들였던 강대국 중심의 건축 양식에 의문을 제기하고, 각 나라, 각 지역, 각 문화의 건축에 대해 사고하기 시작했다.

비판적 지역주의(Critical regionalism) 건축(모더니즘 양식)

비판적 지역주의는 토착주의(전통주의)를 말하는 것이 아님을 주의해야 한다. 예를 들면 토착주의란 한국다운 건축을 한답시고 옛날 초가집이나 기와집을 답습하는 것을 말한다. 그런 건축은 현대에 불가능할 뿐더러 현대의 삶에도 맞지 않는다. 비판적 지역주의란 이미 보편화된 건축의 기능주의, 국제성을 받아들이면서 이를 각각의 장소에 맞게 어떻게 적용할까를 고민한다. 특정한 장소마다 지형, 기후, 빛, 정서, 관습의 특색이 있다. 그것은 한동안 무시되었고 유행하는 양식이 변형 없이 수입되곤 했다. 건축가들은 국적이 불분명한 건축에 특정한 장소의 숨결, 의미를 부여하려고 노력했다. 이 양식은 흔히 '모더니즘 양식(Modernism style)'이라고도 부른다.

스미요시 주택, 타다오 안도(Tadao ando), 일본

알토 하우스, 알바르 알토(Alvar alto), 핀란드

바라간 하우스, 루이스 바라간(Louis barragan), 멕시코

칸춘준가(kanchunjunga) 아파트, 찰스 코레아(Charles correa), 인도

포스트모던 건축(Post-modernism style)

포스트모던이란 말을 여기저기서 많이 들었을 것이다. 그러나 설명하라고 하면 머뭇거리게 된다. 정확히 포스트모던이 무슨 뜻인지 몰라서 난감하다. 그러나 걱정할 필요 없다. 정확히 무엇인지 알 수 없는 것, 그것이 바로 포스트모더니즘, 나아가 그 미학을 건축에 적용한 포스트모더니즘 건축 양식이다. 단어의 뜻은 단순히 포스트(탈) 모더니즘(현대주의)이다. 모더니즘은 기능성을 중심으로 지역에 따라 특이한 변형이 있었지만 건축의 일관된 규칙을 갖고 있었다. 정문은 가운데 있고, 몸체가 있고, 지붕이 있다. 포스트모더니즘은 일관된 규칙을 자유자재로 파기했다. 단순한 것은 지루하다고 주장하며, 필요하다면 낡은 양식을 과감히 부활시켰다. 그들은 고급 양식과 저급 양식이 혼

구겐하임 미술관의 같은 이름, 전혀 다른 느낌!
하나는 포스트모던 건축 양식이라고 할 수 있고, 하나는 모더니즘 건축 양식이라고 할 수 있다. 어느 것을 좋아하는지는 각자의 취향이다.

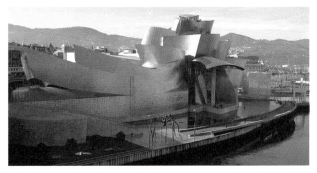

빌바오 구겐하임 미술관, 스페인: 포스트모던 건축 양식

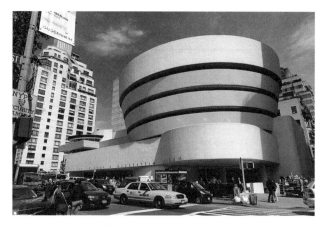

뉴욕 구겐하임 미술관, 미국: 모더니즘 건축 양식

댄싱 하우스

캐나다 건축가 프랭크 게리(frank gehry)의 작품으로 건물이 여자의 잘록한 허리처럼 춤을 춘다. 빌바오 구겐하임 미술관도 그의 작품이다.

강남 교보빌딩

도대체 왜 저렇게 지은 걸까? 가운데의 빈 공간에 방을 만들어서 임대료를 받으면 얼마일까....? 그러나 물음에 답을 할 수 있으면 포스트모던이 아니다.

합되는 것을 두려워하지 않았고, 지역의 토착적 상징물이 현대건축과 어울리지 않는다고 하더라도 둘을 결합했다. 그들은 고급과 저급의 분리가 편견이며, 반대로 그 부조화가 아름다움이라고 주장했다. 그들이 보기에, 모더니즘(비판적 지역주의)은 너무 절제되고 비슷비슷해서 심심한 측면이 있었다. 모더니즘이 '단순한 것이 아름답다.'고 주장한 것에 반해, 포스트모더니즘은 '단순한 것은 지루하다.'고 반박했다.

해체주의 건축(Deconstructivism)

건축의 해체주의는 1980년대 후반에 시작되었다. 해체주의 건축가들은 포스트모던 건축에서 앞으로 한 발 더 나아갔다. 그들은 건물의 외관과 내부 공간의 모범답안 같은 구조를 탈피하고, 어느 양식으로도 규정할 수 없는 예측 불가능한 건축을 시도했다. 그들이 보기에 기존의 건축 양식은 외관의 모습을 변형해 왔지만, 여전히 건축의 오래된 관습에서 깨어나지 못한 것으로 보였다. 그렇다고 해체주의가 무질서를 찬양한 것은 아니었다. 해체는 집 자체를 해체한다는 말이 아

로열 온타리오 박물관(royal ontario museum), 다니엘 리베스킨트(Daniel libeskind), 토론토, 캐나다

앤트워프 포트 하우스(antwerp port house), 자하 하디드(Zaha hadid), 안트베르펜, 벨기에

니라, 기존의 구성을 해체하고 다시 재구성한다는 뜻이다. 예를 들면, 교회의 연단을 끝이 아니라 중앙에 설치하면 왜 안 되는가? 학교의 식당을 후미진 별관이 아니라 본관 중앙에 설치하면 배움이 더 즐겁지 않을까? 아파트 건물 안으로 개울이 흐르는 것은 왜 불가능한가? 아파트 안에 마당을 만드는 것은 왜 안 될까? 하는 단순한 것으로부터, 집은 왜 꼭 사각형이어야만 하는가? 지붕은 왜 꼭 필요한가? 1층이 아니라 2층에 현관문이 있으면 불편할까? 하는 엉뚱한 철학적 질문을 던졌다. 그들은 수천 년 동안 지속된 인류의 관습적 사고를 해체하려고 노력했다. 해체주의자들은 수평, 수직, 원으로 구성되는 건물 구조에서 탈피하여 사선, 비대칭, 불규칙한 곡선을 사용하여 고의적으로 중심이 명확하지 않은 건축물을 만들었고, 그 건축물들은 예전 같으면 용납하지 못했던 것인데, 뜻밖에도 예기치 않은 아름다움을 선사하게 되었다.

지속가능한 건축(Sustainable Architecture)

도대체 건축 양식은 어디까지 진화할 것인가? 예전의 건축은 돌과 진흙 벽돌, 목재가 주재료였다. 이제 그런 재료는 사용하지 않게 되었다. 그보다 싸고 튼튼한 재료들이 발명되었다. 철근 콘크리트, 화학제품, 강화 플라스틱으로 지어진 현대 건축은 수많은 환경문제를 일으켰다. 현대의 재료는 돌이나 진흙, 나무처럼 자연으로 돌아가지 않고 건축폐기물이 되었다. 그것은 썩지 않고, 불에 타지도 않는다. 우리가 사는 땅 속에는 거대한 건축폐기물 무덤이 있다. 또 하나의 문제는 외관은 물론 냉난방 방식이 자연환경과 어울리지 않았다. 편리한 집은 만들었으나, 자연의 파괴로 인하여 인류 모두가 고통 받고 있다. 건축 양식의 변천은 인간 문명의 우월성을 과시하기 위함이었다. 수천 년이 흘러서야 인간이 자연과 조화를 이루며 살아야 한다는 자각이 생긴 것이다. 인류가 숨을 쉬지 못하고 모두 죽는다면, 아름답고 위대한 건축이 무슨 소용이 있겠는가? 지속가능한 건축은 이런 물음 위에서 탄생했다. 인류의 삶이 지속가능하려면 어떤 건축을 지향해야 할까? 자연을 훼손하지 않는 건축, 자연의 에너지를 사용하여 일산화탄소를 배출하지 않는 건축, 썩는 재료를 사용하여 수명이 다하면 자연 속으로 돌려보내는 건축, 해체하여 재료를 재활용하는 건축이 이 심각한 물음에 대한 해답이었다. 지속가능한 건축은 자연 속에 조화롭게 지은 건축만을 뜻하지는 않는다. 모두가 자연 속으로 들어가 살 수는 없다. 도심 속에 있다고 하더라도 재활용재를 사용한 건축, 물을 재활용하는 건축, 태양광과 바람 등의 재생에너지를 활용하여 냉난방을 하는 건축, LED전구를 사용하여 에너지 소비를 줄이는 건축, 다양한 모든 것이 모두 지속가능한 건축이라고 할 수 있다.

아마게르 바케 (Amager Bakke, 폐기물 에너지 발전소) **코펜하겐, 덴마크**

스키 슬로프, 그리고 소각장과 발전소가 결합된 건물이다. 코펜하겐, 덴마크

후쿠오카 아크로스, 후쿠오카, 일본

멜버른 시의회 건물 (Council House 2, CH2 라고도 함)

흰개미 집의 원리를 이용해서 건축. 외부의 재생 목재는 일사량의 조절이 가능하며, 냉방효과를 제공한다.

기아 챔피언스 필드 야구장, 광주, 한국

'환경 친화적인 공원같은 개방형 야구장'을 표방해 건설했다. 그래서 외야가 개방된 구조로 지어졌고, 구장 내외에 녹지 공간과 휴식 공간을 조성하는 등 개방성, 환경친화성을 염두에 두고 지은 요소가 곳곳에 있다. 특히 야구장 주변에 무려 5만 그루의 나무를 심어 녹지화에 신경을 썼다.

• 맺음말 •

　인류의 건축 양식이 아주 복잡하게 먼 길을 진화하며 달려온 것 같지만, 결국 원시시대 인류가 가졌던 단순한 물음에 다시 직면했다. '인간은 어떻게 자연 속에서 살아남을 것인가.' 원시 시대에는 광폭한 자연 속에서 추위와 더위, 비바람과 눈보라, 맹수의 위험을 피하는 것이 건축의 과제였다. 반대로 현대는 인간이 파괴한 자연을 어떻게 보존하며 공존할 것인가가 건축의 중요한 과제가 되었다. 수백만 년 전의 자연의 동굴로부터, 나뭇가지와 풀로 만든 움막, 통나무집, 진흙벽돌집을 거쳐 메소포타미아, 이집트, 페르시아, 인도, 중국의 석재궁전과 석재무덤이 만들어졌다. 고대 도시들은 건축 양식의 서막을 알렸다. 뒤이어 그리스 로마 양식은 유럽 건축 양식의 뿌리가 되었고, 비잔틴, 고딕, 르네상스, 매너리즘, 바로크, 로코코는 교대로 경쟁하면서 그리스 로마 양식을 모방하거나 반대의 양식으로 발전해왔다. 또한 비슷한 시기의 아시아의 불교와 힌두교, 이슬람 지역도 독자적인 건축의 발전을 이루어 왔다. 그러나 유럽의 절대왕정과 침략의 시기에 아시아와 아프리카, 아메리카의 독자적인 건축의 발전은 끝나고 그곳에 유럽의 건축이 이식되었다. 미지의 대륙인 아메리카의 아즈텍, 마야, 잉카 문명의 도시건축 유적은 파괴되어 밀림 속의 폐허가 되었다가 1900년대에야 재발견되었다. 이렇게 유럽의 건축양식은 세계의 건축양식이 되었고, 유럽에서는 다시 그리스 로마 양식을 기원으로 추구하는 양식과 그에 반감을 갖는 양식이 교대로 교차되었다. 신고전주의, 낭만주의, 절충주의. 보자르, 아르누보, 표현주의, 아르데코, 국제주의, 지역주의, 해체주의 등 수많은 양식이 흥망성쇠를 거듭했다. 그 지속시간은 점점 짧아졌다. 각각의 양식은 미묘하고 독창적인 특징이 있었지만, 크게 보면 그리스 로마 양식의 모방과 탈피라고 정리할 수 있다. 그만큼 고대 그리스 로마의 양식은 유럽인들에게 감히 거역할 수 없는 자신의 뿌리와 같은 것이었다. 80억의 인류가 지구촌에 밀집하여 사는 2000년 대, 기능성, 경제성, 대량건축은 현대 건축양식이 피해갈 수 없는 현실이 되었다. 학교를 마냥 자연의 공원처럼 아름답게만 지을 수는 없는 일이고, 아파트를 마냥 예술적으로 지을 수도 없는 일이다. 그러나 인류가 지속적으로 생존하기 위해서는 '지속가능한 건축'이 절실하다는 것은 누구나 공감하고 있다. 자원과 땅, 깨끗한 공기는 한정돼 있다. 지구에도 생명이 있어 자신이 더 이상 견딜 수 없으면 폭발하고 만다. 이미 소규모로 폭발하고 있다. 홍수, 가뭄, 살인적 더위와 추위가 잦게 발생한다. 이 지속가능한 건축은 이전의 건축의 양식과는 성격이 전혀 다르다. 이전의 건축양식이 인간의 우월함을 과시하기 위한 것이었다면, 지속가능한 건축양식은 자연에 대한 인간의 겸손한 태도이다. 이렇게 인류는 원시시대의 물음으로 되돌아왔다.

이미지 출처

23 게티이미지뱅크코리아, 26 게티이미지뱅크코리아, 위키백과(라스코 벽화, 단양 금굴), 28 게티이미지뱅크코리아(한국관광공사), 31 게티이미지뱅크코리아, 33 게티이미지뱅크코리아, 35 게티이미지뱅크코리아, 36 게티이미지뱅크코리아, 37 게티이미지뱅크코리아, 42 게티이미지뱅크코리아, 44 게티이미지뱅크코리아, 45 게티이미지뱅크코리아, 46 게티이미지뱅크코리아, 49 게티이미지뱅크코리아, 위키백과(나트 무덤 입구, 채색 벽화), 52 게티이미지뱅크코리아, 53 게티이미지뱅크코리아, 55 게티이미지뱅크코리아, 56 게티이미지뱅크코리아, 58 게티이미지뱅크코리아, 60 게티이미지뱅크코리아, 위키백과(모헨조다로 유적), 65 게티이미지뱅크코리아, 67 게티이미지뱅크코리아, 68 게티이미지뱅크코리아, 위키백과(피카소 그림), 70 게티이미지뱅크코리아, 71 게티이미지뱅크코리아, 73 게티이미지뱅크코리아, 76 게티이미지뱅크코리아, 79 게티이미지뱅크코리아, 80 게티이미지뱅크코리아, 위키백과(파올로 판니니의 그림), 81 게티이미지뱅크코리아, 82 게티이미지뱅크코리아, 83 게티이미지뱅크코리아, 87 게티이미지뱅크코리아, 88 게티이미지뱅크코리아, 89 게티이미지뱅크코리아, 92 게티이미지뱅크코리아, 94 게티이미지뱅크코리아, 95 게티이미지뱅크코리아, 96 게티이미지뱅크코리아, 98 게티이미지뱅크코리아, 101 게티이미지뱅크코리아, 위키백과(리브볼트 모형), 103 게티이미지뱅크코리아, 104 게티이미지뱅크코리아, 위키백과(성공회 성당의 내부, 창문, 스테인드글라스), 106 게티이미지뱅크코리아, 107 게티이미지뱅크코리아, 111 게티이미지뱅크코리아, 112 게티이미지뱅크코리아, 114 게티이미지뱅크코리아, 115 게티이미지뱅크코리아, 116 게티이미지뱅크코리아, 118 게티이미지뱅크코리아, 119 게티이미지뱅크코리아, 123 책 표지, 124 게티이미지뱅크코리아, 위키백과(대명궁 단봉문, 함원전 복원 사진), 125 게티이미지뱅크코리아, 126 게티이미지뱅크코리아, 위키백과(법륭사 본당), 130 게티이미지뱅크코리아, 133 위키백과(금각사 원래 전경, 불에 탄 금각사, 동국사), 게티이미지뱅크코리아, 138 게티이미지뱅크코리아, 140 게티이미지뱅크코리아, 141 게티이미지뱅크코리아, 145 게티이미지뱅크코리아, 148 게티이미지뱅크코리아, 149 게티이미지뱅크코리아, 152 게티이미지뱅크코리아, 153 게티이미지뱅크코리아, 157 게티이미지뱅크코리아, 158 위키백과, 159 위키백과, 161 위키백과, 163 위키백과, 167 게티이미지뱅크코리아, 168 게티이미지뱅크코리아, 171 위키백과, 173 위키백과, 179 게티이미지뱅크코리아, 182 위키백과(메사베르데의 절벽 궁전), 게티이미지뱅크코리아, 185 게티이미지뱅크코리아, 186 게티이미지뱅크코리아, 189 게티이미지뱅크코리아, 190 게티이미지뱅크코리아, 193 게티이미지뱅크코리아, 194 게티이미지뱅크코리아, 196 게티이미지뱅크코리아, 197 위키백과, 199 위키백과, 202 위키백과, 203 위키백과(상수시 궁전의 외관과 내부), 게티이미지뱅크코리아, 209 게티이미지뱅크코리아, 위키백과(오데옹, 트리아농, 루브르의 동쪽 건물), 211 게티이미지뱅크코리아, 위키백과(피에르 퐁 성, 보티브 성당), 212 게티이미지뱅크코리아, 213 게티이미지뱅크코리아, 214 게티이미지뱅크코리아, 215 게티이미지뱅크코리아, 217 게티이미지뱅크코리아, 위키백과(CEC 팰리스), 221 게티이미지뱅크코리아, 222 게티이미지뱅크코리아, 위키백과(카사 칼베트, 카사 바트요), 223 게티이미지뱅크코리아, 위키백과(카사 밀라), 225 위키백과, 228 위키백과, 229 위키백과, 232 위키백과, 235 위키백과, 236 위키백과, 237 위키백과, 238 위키백과, 239 위키백과, 240 위키백과, 243 게티이미지뱅크코리아, 244 위키백과, 245 위키백과